Sieben Tage im Oktober

Forum Verlag Leipzig 1990

Eckhard Bahr

Sieben Tage im Oktober

Aufbruch in Dresden

Herausgegeben mit freundlicher Unterstützung
der »Gruppe der 20«, Dresden
Mit einem Geleitwort von Superintendent
Christof Ziemer
und dem Abschlußbericht der
Unabhängigen Untersuchungskommission

Mitarbeit: Sven Bartnik und Elisabeth Groh

Der Nachdruck von MfS-Dokumenten
aus »Ich liebe Euch doch alle!«
erfolgte mit freundlicher Genehmigung
von BasisDruck

ISBN 3-86151-007-3

1. Auflage
© Forum Verlag Leipzig 1990
Buchgestaltung: Bernd Kruhl, Leipzig
Lichtsatz: Interdruck GmbH Leipzig
Druck und Binden: Leipziger Druck und Buchbinderei GmbH
Bestellnummer: 821 006 6
19,80 DM

Inhalt

Ein Jahr danach . . . . Seite 7
Erster Tag: 3. Oktober 1989 . . . . Seite 13
Zweiter Tag: 4. Oktober 1989 . . . . Seite 25
Dritter Tag: 5. Oktober 1989 . . . . Seite 55
Vierter Tag: 6. Oktober 1989 . . . . Seite 75
Fünfter Tag: 7. Oktober 1989 . . . . Seite 89
Sechster Tag: 8. Oktober 1989 . . . . Seite 115
Siebenter Tag: 9. Oktober 1989 . . . . Seite 139
Nachsatz . . . . Seite 151
Abschlußbericht der Unabhängigen Untersuchungs-
kommission zu den Ereignissen
vom 3. bis 10. Oktober in Dresden . . . . . . Seite 153

Ein Jahr danach

Die »Sieben Tage im Oktober« sind Geschichte. Geschichte – so fern schon –, daß die Erinnerung daran angesichts der Macht neuer Realitäten, die unser Leben bestimmen, fast etwas Nostalgisches hat. Eine Geschichte freilich – noch immer so nah –, daß sie jederzeit in uns wachgerufen werden kann. Und das tun die Texte, die gegen das schnelle Vergessen in diesem Band zusammengetragen sind. Betroffene erzählen, was in jenen Tagen geschah – mit ihnen selbst und mit der Stadt und dem Land. Nicht mit dem beruhigenden Abstand des historischen Beobachters, sondern aus der Nähe unmittelbaren Erlebens: eine Dokumentation – zusammengesetzt aus dem Material biografischer Erfahrungen, distanzlos, subjektiv, mit der Kompetenz und Betroffenheit der Zeugen. Indem die Texte festhalten, was war, insistieren sie darauf, auf dem Weg in die Zukunft die Geschichte unserer Herkunft zu erinnern.

In der Nacht vom 3. zum 4. Oktober wurde ich kurz nach Mitternacht von einem Bekannten aus dem Schlaf geweckt. Er berichtete von gewaltsamen Auseinandersetzungen auf dem Hauptbahnhof und bat mich, unbedingt zu kommen und zu helfen, daß Gewalt verhindert wird. Am Nachmittag waren die Grenzen zur ČSSR geschlossen worden. Damit hatte es begonnen. So war es zu den ersten Menschenansammlungen im Dresdner Hauptbahnhof gekommen. Zuerst waren es vor allem die Ausreisewilligen, Menschen unterwegs nach Prag, um über die Botschaft den Weg in die Bundesrepublik zu finden, dann kamen die hinzu, die hofften, noch irgendwie mit den Zügen, die durch Dresden fahren sollten, ausreisen zu können. Aber schon am nächsten Abend waren es Tausende vor dem Bahnhof und in der Prager Straße: Neugierige und Zuschauer, Unruhige und Unzufriedene, Menschen, die nicht mehr warten wollten, ohne schon zu wissen, worauf es hinauslaufen sollte …

Vieles kommt zusammen, wenn wir nach den Anfängen suchen für das, wovon in diesem Buch berichtet wird. Historiker werden es später sicher kühler analysieren, als es uns jetzt schon möglich ist. Ich beschränke mich auf das unmittelbare Vorfeld. In den Sommermonaten kommt es zu einem sprunghaften Anstieg der Ausreisezahlen, besonders nach der Öffnung der Grenzen durch die ungarische Regierung. Die massenhafte Entscheidung zur Ausreise führt auch bei denen, die bleiben wollen, zu größerem Selbstbewußtsein, die Unzufriedenheit wird lauter und freier artikuliert. Im Spätsommer konstituieren sich neue Bürgerbewegungen und Parteien, die eine Reform und Veränderung des Systems einklagen. Das Verbot des NEUEN FORUM führt zu einer breiten Solidarisierung in der Bevölkerung. Künstler melden sich zu Wort. In den Kirchen, die seit Jahren immer wieder die notwendigen gesellschaftlichen Veränderungen öffentlich gemacht haben, beherrscht die politische Situation alle Gespräche. Der bevorstehende vierzigste Jahrestag treibt schließlich den Widerspruch zwischen der reformunwilligen Führung und dem Volk auf ein unerträgliches Maß. Die Schließung der Grenzen zur ČSSR ist dann der berühmte Tropfen, der das Faß zum Überlaufen bringt.

Der kurze Blick auf die Vorgeschichte macht deutlich, daß in den Oktobertagen etwas zum Ausbruch kam, was sich angestaut hatte; freilich nicht erst seit dem Sommer 1989. Da wäre viel mehr zu erinnern: von der Friedensbewegung bis zum ökologischen Engagement, das gerade in Dresden auch zu massiven Zusammenstößen mit der Polizei geführt hatte; von der Perestroika-Politik Michail Gorbatschows über die Wahlfälschungen vom 7. Mai bis zur »chinesischen Lösung«, die wie ein Damoklesschwert auch über dem Dresdner Aufbruch hing. Aber all das, was da zusammenlief, war doch eher unbewußt denn deutlich, als es in Dresden begann. Charakteristisch ist vielmehr die Spontanität der Ereignisse. Da war nichts organisiert oder geplant. Keine revolutionäre Avantgarde, die voranging. Nein, wirklich das Volk – Menschen mit Angst und Wut, unsicher und voller Erwartung, eine diffuse Mischung, so daß auch Gewalt nicht ausgeschlossen war, als man der Gewalt begegnete. Dabei liegt für mich das eigentlich Erregende in dem, was sich in diesen Tagen entwickelte, in einem erstaunlichen Lernprozeß der Selbsterklärung: vom »Gehen-Wollen« zum »Hier-Bleiben«, von den diffusen Anfangserwartungen zum Forderungskatalog der Prager Straße am Abend des 8. Oktober. Voraussetzung dafür war freilich jener doppelte Sieg der Gewaltlosigkeit, zuerst bei den Demonstranten, dann schließlich auch bei den Sicherheitskräften (wobei es zu dem Unbegreiflichsten und Widersinnigsten gehörte, daß, nachdem die Gewalt gegen Demonstranten auf der Straße schon besiegt war, die Gewalt gegen die Inhaftierten in Kasernen und Gefängnissen noch ihre Triumphe feierte). Wichtig für den Lernvorgang dieser Tage war sicher, daß zunehmend Menschen dazukamen, die deutlicher auf die gesellschaftlichen Veränderungen drängten und sich ganz bewußt – mit und ohne Kerze – für die unbedingte Gewaltlosigkeit einsetzten. Der Umschwung ist für mich am deutlichsten mit dem Abend des 7. Oktober verbunden, als die Menge der Menschen die tagelange und zunehmend unfruchtbare Konfrontation am Hauptbahnhof überwand und sich zum ersten Mal in Bewegung setzte. Damit begann – auch im wörtlichen Sinn – der Dresdner Aufbruch, der am Abend danach auf der Prager Straße besiegelt wurde.

Was aber ist aus jenen Anfängen geworden? Die Forderungen der Demonstranten vom 8. Oktober sind ohne Abstriche erfüllt worden. Viel schneller, als wir es uns träumen ließen. Dabei zugleich mit viel mehr Schwierigkeiten, als es uns jetzt im flüchtigen Rückblick erscheint. Jeder Schritt mußte mühsam erkämpft werden:

von der Freilassung der Gefangenen bis zur Anerkennung der »Gruppe der 20«, von der wahrheitsgemäßen Presseberichterstattung bis zur ersten öffentlichen Kundgebung. Das, was man später das »Dresdner Modell« genannt hat – der strukturierte Dialog zwischen den Bürgern und der Stadtverwaltung, zwischen der »Gruppe der 20« und dem Oberbürgermeister –, ist uns ja nicht einfach vom Himmel gefallen. Aber – und das bleibt das Wichtigste – es gab ihn, den Dialog, schon lange vor der Wende, als das Wort noch den Klang von Zukunft hatte, schon am Morgen jenes Tages, als man am Abend noch in Leipzig zitterte. Und er blieb keine Eintagsfliege, dem ersten »Rathausgespräch« folgten die anderen, die vielen Dialoge immer neuer Menschen und mit immer mehr Themen.

Wenn ich jetzt – im Sommer 1990 – die Entwicklung seit dem Herbst überblicke, dann drängen sich mir zwei Entwicklungslinien auf. Die eine beginnt am Abend des 8. Oktober und führt über die Rathausgespräche zur ersten – noch ziemlich schmerzhaften – Berührung mit der Stadtverordnetenversammlung. Sie setzt sich fort mit der Bildung von 16 zeitweiligen Arbeitsgruppen, in denen das ganze Spektrum der notwendigen Veränderungen aufgegriffen wurde und mündet schließlich im Einzug der Bürgervertretung als basisdemokratische Fraktion im Stadtparlament.

Die andere Linie beginnt am 9. November mit der Öffnung der Grenzen, setzt sich fort mit dem Helmut-Kohl-Besuch am 19. Dezember und im Gefolge dann mit den neuen Realitäten – deutsche Einheit und Europäisches Haus.

Zunächst nahmen die Brüche zu im Aufbruch. Der Oberbürgermeister hörte auf zu regieren. Führende Vertreter der »Gruppe der 20« und der Bürgerbewegungen traten in die CDU ein, auch in der Hoffnung, etwas aus den Erfahrungen des Herbstes in das sich nun bildende Spektrum der Parteiendemokratie herüberzuretten. Immerhin: noch der vom neugewählten Stadtparlament gewählte Rat spiegelt etwas von der demokratischen Vielfalt der Anfänge wider.

Aber längst ist diese Entwicklung durch die andere bestimmt, die mit Einführung der »Wirtschafts-, Währungs- und Sozialunion« am 1. Juli 1990, an dessen Abend ich diese Zeilen schreibe, einen Höhepunkt erfuhr.

Ist das nun die Erfüllung unserer Hoffnungen, für die wir im Herbst auf die Straße gegangen sind? Die Mehrheit unseres Volkes, die Mehrheit unserer Stadt hat dazu eindeutig ja gesagt. Und ich bin sicher, auch bei jeder neu vorgelegten Entscheidung würde dieser Weg von der überwiegenden Mehrheit bekräftigt werden. Und doch – und auch das spüren, denke ich, viele – gehen in den nun auf uns zukommenden Erfüllungen die Erwartungen noch nicht auf. Da bleibt etwas, das nicht eingelöst ist, was aus der ersten Entwicklungslinie in die zweite einzubringen ist als Frucht der Erfahrungen seit den »Sieben Tagen im Oktober«:

Als erstes stand da eine Aufgabe, die trotz größten persönlichen Einsatzes nur unzureichend gelöst werden konnte: die Arbeit der Untersuchungskommissionen zur

Aufklärung der Oktoberereignisse und der Auflösung der Behörden der Staatssicherheit. Die Schwierigkeiten liegen auf der Hand, sie hängen zusammen mit dem alten Regime und seiner Verquickung der Machtapparate, so daß es fast unmöglich ist, persönliche Schuld juristisch zu fassen. Nötig aber bleibt eine Aufklärung des Systems, damit wir nicht neue »Cliches« an die Stelle der alten setzen. Nötig bleibt die Rehabilitation der wirklichen Opfer. Nötig ist aber auch ein neues Miteinander der damaligen Kontrahenten, das sicher nur über ein aufrichtiges Aufarbeiten des Vergangenen geht, aber geradezu eine Voraussetzung für den gesellschaftlichen Frieden ist. Hier ist zum Glück inzwischen mehr in Gang gekommen, als in der Öffentlichkeit bekannt ist.

Als zweites nenne ich die Gewaltlosigkeit, die gerade jetzt bei deutlich zunehmender Aggressivität im Verhalten zu einer neuen Herausforderung wird. Zu den wichtigsten Erfahrungen des Oktober gehört es, daß das Volk selbst die Gewaltlosigkeit erworben und bewahrt hat, später dann auch im Zusammenwirken mit der Polizei. Die Verinnerlichung der Gewaltlosigkeit als Spielregel der demokratischen Gesellschaft ist eine der wesentlichen Bedingungen für die Zukunft unseres Gemeinwesens. In der härteren Gangart des öffentlichen Meinungs- und Interessenstreites wird sich die Gewaltlosigkeit bewähren müssen als die Fähigkeit, Konflikten nicht auszuweichen, sondern sie auszuhalten und friedlich auszutragen.

Als drittes wünsche ich mir, daß die breite Mitwirkung an der politischen Verantwortung, wie sie durch die Bürgerbewegungen des Herbstes repräsentiert wurde, als ein bestimmendes Kennzeichen in unsere künftige demokratische Kultur eingebracht wird. Dazu gehört die Ergänzung des parlamentarischen Systems durch Elemente der unmittelbaren Demokratie genauso wie durch die Bürgerbewegungen, die nicht wie die Parteien durch Machterhaltungsinteressen (Wahlen) gebunden, sondern frei sind, auch längerfristige nötige Veränderungen mit Nachdruck einzuklagen.

Als viertes hoffe ich darauf, daß wir von den schwer erkämpften Freiheiten nicht nur die Konsumfreiheit in die neue Zeit hinüberretten. Da wäre unsere »Revolution« unter Wert erkauft. Der Mut, sich seines eigenen Verstandes zu bedienen, die Entfaltung der Kultur, der »Wiederaufbau« unserer Städte, der vom erwachten ökologischen Gewissen geleitete Umgang mit den Gütern der Erde, aber auch die Begrenzung unseres künftigen Lebensstandards auf ein vernünftiges Maß – das könnten Kennzeichen einer Freiheit sein, die nicht nur den Nachholebedarf der Vergangenheit, sondern auch die Herausforderung der Zukunft im Blick behält.

Als fünftes erinnere ich die Erfahrung einer menschlichen Gemeinschaft, die auch den Schwächeren einschließt. Das ist in den Zeiten des Mangels selbstverständlicher als in den Zeiten der Fülle. Die Ereignisse in Rumänien haben uns noch elementar berührt. Werden wir in Zukunft nur noch von der Sorge um uns selbst bestimmt sein? Solidarität aber nicht nur nach außen, sondern auch nach innen, damit die faszinierende und sicher so nicht festzuhaltende Einmütigkeit der ersten Wochen des Aufbruchs nicht in unfruchtbaren Polarisierungen und Ausgrenzungen verkommt.

Die »Sieben Tage im Oktober« sind Geschichte. Geschichte, die in diesem Buch erzählt wird von den Zeugen, die dabei waren, die sich eingemischt haben, die zusammen mit vielen anderen auf subtile oder ganz unmittelbare Weise ihre Köpfe und Leiber hingehalten haben. Um weniger ist es nicht gegangen – damals. Um weniger geht es auch heute nicht, wenn von dieser Geschichte etwas bleiben soll. Wo immer Menschen an Leib und Seele verletzt werden, da müssen wir aufstehen, immer wieder, wie damals.

Dresden, am 1. Juli 1990 *Christof Ziemer*

In der Nacht vom 30. September zum
1. Oktober 1989 – kurz vor den geplanten
Jubelfeiern zum Jahrestag der Staatsgründung – bringen sechs Züge der
Deutschen Reichsbahn ausreisewillige
DDR-Bürger, die sich in der bundesdeutschen Botschaft auf dem Prager Burgberg verbarrikadiert hatten, über Dresden
an ihr Reiseziel. Sie passieren den
Hauptbahnhof der alten sächsischen
Residenz, wo der Autor über einen Judentransport in der Zeit des Dritten Reiches
recherchiert, der ebenfalls in frühen
Morgenstunden, doch in umgekehrter
Richtung und unter anderen Vorzeichen
dasselbe Gleis passierte. Ein Zufall.
Ein Zeichen? Das Ereignis läßt dem
Autor keine Ruhe. Er verläßt den Bahnhof vorerst nur zum Essen und Schlafen,
als er am 3. Oktober von einer neuen
Welle der Ausreise-Züge hört.

Erster Tag 3. Oktober 1989

Ich gebe mir für ein paar Stunden frei vom Dresdner Hauptbahnhof. Seit gestern findet im Haus Schevenstraße des Dresdner Zentrums für zeitgenössische Musik das Kolloquium »Kunst und Politik« statt, zu dem ich von Prof. Udo Zimmermann eingeladen bin. Zur Eröffnung referierte Prof. Dr. Günter Mayer aus Berlin über »Politische Kunst heute – Rückblicke und Ausblicke«. Natürlich spielten die Zeitereignisse eine Rolle. Aber noch hat das Fernsehen Muße, fast geruhsam das Domizil auf dem »Weißen Hirsch« abzulichten. Hier oben auf dem Berge herrscht eine abgehobene Atmosphäre. Der junge Musiker Sven Bartnik hat mir einen Brief von Brecht an Peter Suhrkamp (vom 1. Juli 1953) in die Hand gedrückt:

> »Aber ich habe in der Nacht des 16. und am Vormittag des 17. Juni die erschütternden Demonstrationen der Arbeiter übergehen sehen in etwas sehr anderes als den Versuch, für sich die Freiheit zu erlangen. Sie waren zurecht erbittert. Die unglücklichen und unklugen Maßnahmen der Regierung ..., die Landflucht von Hunderttausenden von Bauern dieses Jahr bedrohten die Ernährung aller Schichten der Bevölkerung zugleich ..., trieben die Arbeiterschaft, deren Gewerkschaften nur schwächlich arbeiten und ihrer Position nach nur schwächlich arbeiten konnten, schließlich auf die Straße und ließen sie die unzweifelhaft großen Vorteile vergessen, welche die Vertreibung der Junker, die Vergesellschaftung der Hitlerschen Kriegsindustrie, die Planung der Produktion und die Zerschmetterung des bürgerlichen Bildungsmonopols ihnen verschafft hatten. Die Straße freilich mischte die Züge der Arbeiter und Arbeiterinnen schon in den frühen Morgenstunden des 17. Juni auf groteske Art mit allerlei deklassierten Jugendlichen ..., aber auch mit den scharfen brutalen Gestalten der Nazizeit ...«

9.30 Uhr beginnt im Haus Schevenstraße die Debatte um »Engagierte Kunstpraxis – Epochenproblematik und das Ringen um Perspektive«. Neben Udo Zimmermann haben sich als Diskussionsstars die Westberliner Komponistin Prof. Grete von Zieritz, der Schriftstellerpräsident und SED-ZK-Mitglied Hermann Kant sowie der Dresdner Schauspiel-Regisseur Horst Schönemann angekündigt. Prof. Wolfgang Mattheuer hat abgesagt: er könne nicht diskutieren in solcher Zeit. Dafür springt der Philosoph Hartmut-A. Gorgs mit harschen Worten über die geübte Verdrängung von Problemen, fort von der eigenen Haustür, in die Bresche. Die Debatte gewinnt an Brisanz. Eine Diskutantin bringt das Gefühl von vielen im Raum auf den Punkt:

»Und das ist unsere Irritation im Moment, daß wir übervoll sind von dem, was wir sagen möchten, was wir alle erfahren haben, wie wir aufgewachsen sind, und daß wir nicht mehr wissen, ob wir dann nicht morgen wie die Silly-Gruppe oder eben irgendjemand, der den Mund aufgemacht hat, dann nicht mehr reden können. Das ist unsere Frage: was riskieren wir, wo haben wir Zivilcourage? Und deshalb gefällt mir so gut, was Prof. Mayer gestern sagte, daß wir uns gegenseitig ermutigen, daß wir Zivilcourage trainieren und endlich aufstehen müssen und uns nicht in die zaghafte Nische zurückziehen ...«

Zimmermann: »Worauf warten wir denn? Was wollen wir denn bitte noch warten? Es laufen Züge über Grenzen! Das kann nicht sein, daß man dazu nichts sagt. Es erfolgt eine Abstimmung mit den Füßen. Warum gehen junge Leute, hier aufgewachsen, in unseren Schulen, im Bewußtsein von DDR-Realität erzogen, diese Schritte? Nicht Tausend, nicht Zehntausend und nicht Zwanzigtausend, es werden bald Hunderttausend sein und mehr! Das ist jede Stunde, jede Stunde ...«

Die eigentliche Überraschung aber ist Kant. Er zitiert erstmals einen Brief an Staatschef Honecker, Zeilen, die zehn Tage später um die Welt gehen würden. Der Schriftsteller-Präsident boxt nicht nur gegen »allwaltenden Pädagogismus«, sondern gibt ganz deutlich und in aller Schärfe zu verstehen, daß ein Faß am Überlaufen ist: »Meine Ratlosigkeit ist in eine Wut umgeschlagen. Ich bin wütend, nicht auf den allbösen Klassenfeind. Daß der so ist wie er ist, hab ich schon eine Weile gewußt. Sondern auf meinen Klassenfreund, der nicht ganz so ist, wie ich ihn kannte. Also, dieselben Leute, die einen entscheidenden Anteil an einer vernünftigen oder, sagen wir, an dem Einzug von einem Stück Vernunft in die Welt haben, sind augenblicklich nicht so souverän, wie ich sie gern hätte. Herauskommt bei mir Wut. Ich schreibe an die hochgelegenen Adressen, und zwar in Wut, weil ich meine, die sollten zumindest nicht unbehelligt sein von der Information, daß hier Leute so denken wie ich denke. Könnt' sein, eines Tages sagt mir einer, Mensch, hättest du mir das doch gesagt. Also ich sag's.«

Kant erzählt folgende Anekdote: Er kommt nach einer Lesung im Warschauer Schloß ins Zentralkomitee der polnischen »Bruderpartei«. Es ist ein Tag kurz vor den Wahlen, und er fragt einen seiner »Brüder«, wie denn die Lage sei. Nun, antwortet der polnische Genosse, mit 90 Prozent ist es vorbei, wir werden uns mit Zwei-Drittel-Mehrheiten abfinden müssen. Am nächsten Tag erhalten die Kandidaten der PVAP indes knapp 20 Prozent der Stimmen.

Während die Debatte im Haus Schevenstraße abläuft, erarbeitet die Zentrale Auswertungs- und Informationsgruppe des MfS unter dem Aktenzeichen B-217 »Hinweise zur Aktion ›Jubiläum 40‹«:

»Außerordentliche Kompliziertheit der politisch-operativen Lage, unter der die Aktion ›Jubiläum 40‹ durchgeführt werden muß, ist bekannt. Plan der Maßnahmen, Befehle und Einsatzpläne sind darauf ausgerichtet – ausgehend von jüngsten Entwicklungen und Entscheidungen, der damit verbundenen Lageentwicklung, ständige Prüfung und evtl. Präzisierung erforderlich.
Besondere Beachtung und ständige Einschätzung erfordern
- die Wirkung der massiven Hetz- und Verleumdungskampagne des Gegners auf die Haltung/Verhalten der Menschen im Innern und daraus resultierende Gefahren der Durchführung von Gewalthandlungen u. a. Provokationen;
- Entwicklung der innenpolitischen Situation, besonders durch Aktivitäten der feindlichen, oppositionellen Kräfte durch die zunehmende weitere Verschärfung der latenten und weiter wachsenden Unzufriedenheit, Verunsicherung in der Bevölkerung. (In diesem Zusammenhang in Partei verbreitet Forderung, von Führung informiert zu werden.)«

Das Papier enthält »Pläne und Absichten« angeblich »feindlich, oppositioneller Kräfte«, darunter über die vorgesehene Gründung der SDP in der DDR (später SPD), über eine kirchliche Zukunftswerkstatt »DDR – wohin gehst du?« und andere »provokatorisch-demonstrative Aktivitäten«. 360 000 »gesellschaftliche Kräfte« werden zur Spalierbildung an den Fahrstrecken ausländischer Gäste bei deren Anreise zum Republikspektakel vorgesehen.
Mittags auf dem Hauptbahnhof. Nicht wie bei der ersten Zugwelle in der Nacht vom 30. 9. zum 1. 10. einzelne, sondern Hunderte Jugendliche und jüngere Menschen, zum Teil mit ihren Kindern, haben sich zu sammeln begonnen, um auf die Transporte aufzuspringen. Heute abend kommen sie, geht das Gerücht. Ich habe Christa Wolfs Stimme aus dem Radio im Ohr, Forderung nach einer Sprache der Vernunft statt Verhöhnungen wie »wir weinen denen keine Träne nach«. Was alles könnte einen außer Landes treiben? Gute Gründe dafür gibt es genug. Auch ich habe Angst, daß aus Parteichinesisch eine chinesische Lösung werden könnte. *Möglich wird Unmögliches* hieß mein Leseprogramm in diesem Jahr. Doch was alles möglich werden könnte, ahne ich nur diffus. Bei weitem nicht alles, alles, was später möglich werden würde. Miteinander sprechen, das wäre schon viel, denke ich immer öfter. Die Mächtigen müssen merken, daß auch die von ihnen als »Feinde« Verdächtigten Menschen sind. Den Dialog nach außen durch den Dialog nach innen ergänzen, würde es im Politikerdeutsch heißen. Doch mancher scheint nicht mehr deutsch zu verstehen, seitdem russisch nicht mehr wie Kalaschnikow klingt. Bleibt da nur noch chinesisch übrig? Ich habe Angst.
Inmitten der jungen Leute, die ihre Rucksäcke für immer gepackt haben, entdecke ich eine junge Frau, die mir bekannt vorkommt. Warum willst du weg?, frage ich sie.

Vor dem Hauptbahnhof. Nacht vom 4. zum 5. Oktober

Hauptbahnhof, Südseite: Räumung durch VP. 4. Oktober

Christiane (22), Anlagenfahrerin in einem Chemiebetrieb, Bezirk Halle:

»Hab Scheiße gebaut. Sag ich dir ganz offen. Aber das is nich der Grund, weswegen ich weglofe. Hab wirklich rangeklotzt, was los gemacht, es jedenfalls versucht, bei uns im Betrieb, in der FDJ. Aber da läuft nischt mehr. Will kaum einer noch was davon wissen. Und dann bau ich noch son Bock in der Nachtschicht. Mann, da trinkt jeder mal'n Schluck bei uns. Zweimannzimmer im Wohnheim, trostlose Gegend. Und die Männer sind och nich aufregend, jedenfalls die meisten. Da gluckst's in der Flasche. Aber ich war nich betrunken. Einfach müde, einfach null bock, weiß nich, ob 'de das kennst. Jedenfalls total runter. Und da isses halt passiert. Die ganze Anlage im Arsch. Auf meiner Seite wenigstens.

Aber das is schon paar Wochen her. Das hab ich, soweit das ging, ausgestanden. Ich hau hier nich ab, verstehste, also in dem Sinn ... Ich geh fort, weil mich's anstinkt. Und weil ich keine Änderung absehe. Obwohl ich in der FDJ war und das alles.

Loch off'm Kopp. Mensch, das is so'n Ausspruch. Sag ich immer, wenn einer 'n Ding an der Waffel hat. Bescheuert sind die doch alle da ob'n. Das sieht doch nu langsam jeder, bloß die wolln's nich wahr habn. Wenn man von so'ner Wiese kommt wie ich, Dorf in der Elbaue, und dann inmitten von Waschpulver jeden Tag. Das sag ich dir. Von der Landschaft siehste gar nischt. Sogar das Wasser is Waschlauge, das im Fluß, wo denkst du denn? Mußte mal kommen, wenn de's noch nich gesehen hast. Da is nischt mehr zu reparieren, klar?

Wirst sehen, wenn de hier bleibst. Die machen balde dicht hier. Das sagt mer mein Verstand, soweit ich davon habe, Menschenverstand. Kennste sowas, nee? Wieso war denn der Krenz in China? Was hat der sich da angeguckt? Die Mauer, aber doch nicht die chinesische, die als Weltwunder, sondern die aus Panzern auf dem Platz da vom himmlischen Frieden oder wie der heißt. Mindestens im Film. Also wenn ich mit dem Zug jetzt nich wegkomme ... Nach Prag will ich nich erst. Lieber gleich rauf, wenn die Züge durchkommen. Die halten doch an hier, in so'nem großen Bahnhof müssen die anhalten. Hätte ich mal eher schon wegmachen sollen. 'n Kumpel, Lehrling noch der Bursche, aber schlauer als ich und viele, der hat's vor drei Tagen schon gepackt. Als die ersten Züge durchkamen. Is mit dem Moped von Wittenberg bis hier her gefahren. Nachts, und kalt war's. Hat sich noch Benzin gepumpt von 'nem Kumpel. Von dem wissen wir's. Aber der hat dicht gehalten bis gestern, weil wir da erzählten, daß wir auch weg wollen. Na, meine Freundin, also Zimmerkollegin, Freundin wär zu hoch gegriffen, die hat's sich noch anders dann überlegt. Aber bei mir gibt's nischt. Nix drin mehr. Kein Zurück. Nie.

Freund hab ich nicht. Zur Zeit. Ach, kommt Neues. Um die Eltern tut's mir leid.

Um die Familie. In dem kleinen Dorf da. Nein, das schreibste nich. Das Dorf nich. Sonst kannste alles schreiben. Zu verbergen hab ich nix. Aber erst, wenn ich weg bin. Dann kannste von mir aus. Bloß, wo soll'n das drin stehn?
Na ja, fünf Geschwister waren wir. War immer schön in der Familie früher, dort im Dorf. Auch immer so unter uns Rangen. In der Schule. Prima Zusammenhalt. 'ne richtige Klicke auch in dem Dorf. Hatten, Jugendklub hieß das, so'n ausgebauten Keller in der Kneipe. FDJ – das war uns egal. Obwohl, ich hab da gerne mitgemacht. Zuletzt sind doch alles bloß Menschen, egal wie se nun heißen, FDJ oder SED oder wie auch immer. Solange se Menschen bleiben, isses mir egal. Also da hatten wir ne richtige Klicke. Haben alle zusammengehalten. Auch wenn's einem mal dreckig ging. Auch wenn einer mal Bockmist gebaut hatte. Da bin ich gleich hin nach meinem – na, du weißt ja. Eben dem Bockmist. Aber da war kaum noch einer da. Die meisten waren schon los nach Ungarn. Ich meine, im Urlaub waren ja immer welche weg. Aber wie ausgestorben die Kneipe. Grade mal drei Mann waren wir noch, also zwei Jungs und ich. Und dann kamen noch paar, die nicht so dazugehören. Hab ich ausgepackt. Mich richtig ausgeheult, herrlich war das. Im Betrieb hab ich ja niemanden. Da bin ich jetzt seit der Lehre. Aber richtige Freunde, kaum. Trotz FDJ und Klub auch dort. Dauernd wechselt das. Wer bleibt auch schon gerne. In dem Dreck. Bin ich mit meinen fast 23 schon wie 'ne Oma.
Mensch, im Klub, zu Hause da, da hab ich noch gepranst. Ich bleibe hier. Und grade jetzt. Wegen Bockmist läuft mer nich weg. Aber lange hat das nicht vorgehalten. Die beiden andern sahen das schon gedämpfter. Obwohl, ich glaube, die sind geblieben. Jemand muß ja bleiben, Mensch, gerade auf dem Dorf. Wenn da alle gehen, habt ihr balde nischt mehr zu fressen. Offn Dorf ist es auch besser. Dahin kommen die Panzer nicht. Höchstens die Russen. Aber die sind jetzt friedlich. Ich glaube, von den Russen kommt nischt. Wenn einer durchdreht, dann sind's unsere da oben. Wirste sehen. Ich meine, ich versteh nix von Politik. Will ich auch gar nich. Aber ich verstehe, daß ich jetzt hier weg muß. Das is mir klar. Und da gibt's auch kein Zurück. Schluß. Punkt. Die ham' mich genug betrogen. Was krieg ich denn für die Mäuse? Und selbst, wenn's was gäbe. Die Dreckecke da. Nee, danke. Vielleicht wär ich zurück auf's Dorf gegangen. Aber mit meinem Beruf braucht mich da keiner. Und als ungelernt – nee. Ich war ja nich schlecht im Betrieb. Bis ich Mist gebaut hab, Prämie jeden Monat. Das ging ab. Und dann vollgelaufen. Nu, nich jedes Mal, nich regelmäßig. Soweit war's bei mir nich. Aber ab und zu. Und dann ... Na, da war immer jemand. Bloß angestunken hat's mich, meistens jedenfalls, wenn du verstehst. Ich will weg. Das steht fest. Wie's drüben weitergeht, angenommen ich schaffe das und lande nich im Kahn. Na, das wird sich rausstellen. Ich nehm erst mal alles. Jede Arbeit, mein ich. Und so'n Dreck wird schon nicht sein wie in R. Das will ich

> hoffen. Und 'ne Bude zu zweit, das müßte drin sein. Vielleicht find ich och'n Lümmel. Mensch, so doof seh ich doch nich aus, oder was sagst'n du? Vielleicht treff ich unsern Lehrling wieder. Der mit'n Moped. Der war schlauer als wir alle. Und warum bleibst'n du hier? Wegen Schreiben? Kannste doch sowieso nie veröffentlichen, was ich dir hier erzähle. Ganz abgesehen, daß es niemanden interessiert, und von der Grammatik. Also schmeiß weg den Stuß und reih dich ein. Sonst bereust de's noch. Wirste sehn.«

In einem soll Christiane noch am selben Abend recht bekommen:

> **Paß- und visafreier Verkehr zwischen DDR und ČSSR zeitweilig ausgesetzt**
>
> *Berlin (ADN).* Aufgrund der Berichte, die der DDR zur Verfügung stehen, bereiten bestimmte Kreise in der BRD weitere Provokationen zum 40. Jahrestag der DDR vor, die gegen Ruhe und Ordnung gerichtet sind. Nach der Konsultation mit der ČSSR wurde die Vereinbarung getroffen, zeitweilig den paß- und visafreien Verkehr zwischen DDR und ČSSR für die Bürger der DDR mit sofortiger Wirkung auszusetzen.

Damit ist auch die letzte Reisemöglichkeit für DDR-Bürger abgesperrt. Das Land, das sich demokratisch nennt, ist endgültig zum Gefängnis seines Volkes geworden.
Beinahe gleichzeitig, als die Hiobsbotschaft über die Rundfunkgeräte zu den Menschen auf dem Dresdner Hauptbahnhof gelangt, die bald durch Rückkehrer von der Grenze bestätigt wird, erfahren die Botschaftsbesetzer und viele, die sich in den Gassen des Prager Burgviertels aufhalten, weil sie nicht zur Botschaft durchgelassen werden, von ihrem Abtransport mit Zügen der Deutschen Reichsbahn. Auch sie sollen, wie Tage zuvor, von Böhmen nach Bayern fahren können. Wie zum Hohn – und mit der Geste des trotzig aufstampfenden kleinen Jungen seitens der DDR-Oberen – noch einmal retour durch die südlichen Mittelgebirge, Städte und Dörfer in Sachsen und Thüringen, aus denen die meisten stammen. Noch an diesem Abend soll es losgehen. Aber die Züge bleiben aus. Will man sie quälen, ist es gar nicht wahr, eine Finte? Aber das Wort des Außenministers der Bundesrepublik Deutschland, Genscher, zählt. Mit diesem Land der Sehnsucht im Rücken ließ sich in die Zukunft schauen. Vielleicht ist wirklich nur die marode Reichsbahn, dieser Anachronismus auf Rädern und im Namen, an der Verzögerung schuld. Wenn auch die Kälte aufsteigt, die Ängste nicht verschwinden, viele Körper vom tagelangen Warten schmutzig sind – die Stimmung ist nicht schlecht. Man hat es bis Prag geschafft, also wird es weitergehen.
Die Menschen auf dem Dresdner Hauptbahnhof hegen andere Gefühle. Am Nach-

mittag finden die ersten Auseinandersetzungen statt. Mit jedem Neuankömmling scheint sich die Zahl der Polizisten jeglicher Coleur zu verdoppeln. Ich sehe Autos mit Kennzeichen aus Rostock und Neubrandenburg. Der Dresdner Hauptbahnhof wird für viele die letzte Adresse in diesem Land. Einer hat sogar die Gitarre dabei. Was keiner weiß – nicht einer der angekündigten Züge, die diese neuerliche Völkerwanderung des 20. Jahrhunderts aufnehmen sollen, hat sich auch nur in Bewegung gesetzt. Sie bleiben im Leipziger Depot. Mit kleinem Gepäck, Stadtrucksäkken, bestenfalls der schmal bepackten Kraxe, stehen die meisten erwartungsvoll an den Gleisen von und nach Prag, dem Schienenstrang nach Südosten, der nach dem Westen führen soll.

Auch einige ältere befinden sich darunter, manche depressiv, mißmutig, vergrämt. Ein Leben lang warten, auch jetzt, wenn man die ausgefahrenen Bahnen verlassen will, um wenigstens noch ein paar Jahre in Freiheit zu verbringen. Zu viel Wartezeit ist schon verstrichen. Nur noch zwei Worte haben Sinn: Bloß raus!

Enttäuschung macht sich breit. Resignation. Wenige nur sind aggressiv. Sie schimpfen auf die umherstehenden Polizisten in dunkelblau und grün, für die sie Feinde sind. Bezirksparteischüler der SED werden mit Geheimpolizisten verwechselt. Who is who des Sozialismus. Einige Flaschen kreisen. Erste Schimpfworte fliegen durch die Halle, über die Gleise: Ihr Schweine, laßt uns raus!

Plötzlich Bewegung in der Menge. Ein Zug? Richtung Prag? Im Nu Gedränge, Panik, nur nicht verpassen, niemanden zurücklassen, wenn es um's Leben geht. Hände her, anfassen. Ein Baby weint erschrocken. Es war gerade eingeschlafen. Der kleine Junge, vielleicht fünf oder sieben, freut sich. Sind die Erwachsenen plötzlich normal geworden und beginnen zu spielen? Ein riesengroßer Kindergarten, und alle fassen sich an. Der Junge singt, wie eingeübt, die ersten Worte eines Liedes.

Nein, das ist nicht der Zug. Eine Rangierfahrt bloß. Die Menge stöhnt. In dieser Nacht würde ihr Zug nicht mehr kommen. Die ersten spüren es wohl, ohne es wahrhaben zu wollen. Ahnung erfüllt sich – wie so oft. Die Gespräche sind versiegt. In den Radios bellen die Kommentatoren. Die Nachrichtenmaschine hat sich festgefressen und variiert in ihrer Hilflosigkeit Zahlen.

21.30 Uhr spricht der amtierende Präsident des Landeskirchenamtes Sachsen beim Rat des Bezirkes Dresden vor, um mitzuteilen, daß sich seit den Nachmittagsstunden 26 Menschen, davon elf Kinder, in der Dreikönigskirche auf der Straße der Befreiung aufhalten. Ihnen war die Ausreise am Grenzübergang Bad Schandau in der Sächsischen Schweiz nicht erlaubt worden. Nun wollen sie unterm Dach der Kirche bleiben, bis sie reisen dürfen. Dr. Schlichter wird beschieden, daß er die Wartenden in ihre Heimatorte schicken solle, wo sie ihre Ausreiseersuchen den zuständigen Behörden stellen könnten. Die Ratsuchenden verlassen die Kirche daraufhin.

3. OKTOBER 1989

Spätabends beginnen Polizisten, Teile des Bahnhofs zu räumen. Eine weibliche Lautsprecherstimme, im Reichsbahnjargon »Bediener Fahrtrichtungsanzeiger«, fordert zur Ruhe auf. Vielleicht die neunzehnjährige Carmela Vock, deren Meinung an einem der nächsten Tage im Zeitungsstil der DDR-Nachrichtenseiten so nachzulesen sein wird:

> »Ich hatte Dienst an diesen Tagen, habe immer wieder versucht, über Lautsprecher zu Ruhe und Besonnenheit aufzurufen. Aber die wollten ja randalieren und zerstören, setzten Leben und Gesundheit anderer aufs Spiel. Es fehlt mir jegliches Verständnis dafür, daß Eltern ihre kleinen Kinder sogar aufs Gleis zum Spielen schicken. Nur dem besonnenen Verhalten von uns Eisenbahnern und unserer Volkspolizei ist es zu danken, daß nicht noch Schlimmeres passierte. Ich bin so alt wie viele dieser Krakeeler. Aber von deren Auftreten distanziere ich mich. Da kann ich nur Abscheu empfinden. Auf diese Art und Weise kann man keine Probleme lösen. Ich fordere harte Strafen, und auf jeden Fall müssen sie auf Heller und Pfennig den angerichteten Schaden bezahlen.«

Sicherlich handeln Reichsbahner und Polizei in dieser Nacht weit besonnener als jene, die das Spektakel provoziert hatten durch ihre politischen Fehlentscheidungen. Die Heller und Pfennige hätte man aus ihren Portemonnaies erwartet, nicht aus denen des ohnehin arg gebeutelten Volkes. Aber das darf Carmela Vock an diesem Tag nicht einmal denken, geschweige daß es eine Zeitung abgedruckt hätte.
Hinter ihrem Mikrofon hat jetzt ein Mann Platz genommen. »Bürger, räumen Sie den Bahnsteig! Es beginnen jetzt polizeiliche Maßnahmen. Räumen Sie das Bahnhofsgelände!«
Auch der Autor wird geräumt.
Mitten ins Chaos fährt ein leerer Reisezug. Auf dem Gleis Richtung ČSSR! Trotz Polizisten und Lautsprecherdrohungen stürmen 800 Menschen, Männer, Frauen und Kinder, den Zug.
Viele von ihnen sind schon an der Grenze gewesen, aus Reisezügen herausgeholt worden – nun gibt es kein Halten mehr. Auch die Polizisten drehen durch. Mit Fäusten und Schlagstöcken bearbeiten sie die Menge. Die erste Schlacht auf dem Hauptbahnhof beginnt. Sie dauert – mit vielen Randschauplätzen – Stunden.
Gegen 1 Uhr bemüht sich Superintendent Christof Ziemer um Vermittlung. Doch keiner fühlt sich so recht zuständig. Der Bahnhofsvorsteher nicht, nicht die Uniformierten. Ziemer will die Kreuzkirche öffnen lassen, um den Menschen eine Herberge zu geben. Das Nein findet sich unausgesprochen in der brüsken Aufforderung, den Bahnhof zu verlassen. Für Sicherheit könne nicht garantiert werden. Das ist deutlich.
Gegen halb zwei Uhr morgens ziehen Dutzende der weggeprügelten Menschen zu

Fuß auf den Gleisen Richtung Südosten. Viele haben keine Ahnung, wie weit es zur Grenze ist. Einige schaffen es bis zum Stadtrandbahnhof Reick, noch nicht einmal bis Niedersedlitz, geschweige denn Pirna, wo das Elbsandsteingebirge erst beginnt. Bis 3.40 Uhr bleibt der Fahrstrom abgeschaltet. Die vielbefahrene Transitstrecke nach Südosteuropa liegt lahm. Tausende haben sich entlang der Strecken, die die Ausreisezüge nehmen würden, versammelt. In der Bahnhofsunterführung Bad Schandau kam es zu einem Sitzstreik, den Polizisten gewaltsam auflösen. Seit dem Nachmittag des 3. Oktober, als das SED-Regime 17 Uhr die Grenzen zum Nachbarland schließt, werden bis zum Morgengrauen des 4. Oktober 2 063 DDR-Bürger, 1 579 Erwachsene und 484 Kinder, an der Ausreise gehindert. Wie viele über die grüne Grenze entkommen, ist ungewiß.

Im ADN-Kommentar klingen die tragischen Ereignisse des Revolutionsauftaktes von Dresden in der Nacht vom 3. zum 4. Oktober 1989 so:

> *Dresden (ADN).* Wie das Transportpolizeiamt Dresden informierte, kam es im Zusammenhang mit dem Inkrafttreten von zeitweiligen Regelungen des Reiseverkehrs zwischen der DDR und der ČSSR in den Morgenstunden des gestrigen Tages durch rowdyhaftes Verhalten von Personen zu Störungen der öffentlichen Ordnung auf dem Dresdner Hauptbahnhof, wobei der Zugverkehr behindert wurde. Dabei ereignete sich ein Unfall, bei dem eine Person durch einen ausfahrenden Leerzug schwer verletzt wurde.

Zweiter Tag 4. Oktober 1989

»Zentrale Auswertungs- und Informationsgruppe des Ministeriums für Staatssicherheit.
Information Nr. 438/89 an
Honecker, Stoph, Axen, Dohlus, Hager, Herrmann, Keßler, Kleiber, Krenz, Mittag, Schabowski, Tisch, Dickel, Krolikowski, Herger, Mielke, Mittig, Großmann, Carlsohn, Neiber, Schwanitz, intern MfS.

Streng geheim! Um Rückgabe wird gebeten!

Information über erste Hinweise
auf Reaktionen und Verhaltensweisen
von Personen in der DDR im Zusammenhang
mit der zeitweiligen Aussetzung
des paß- und visafreien Reiseverkehrs
zwischen der DDR und der ČSSR
für die Bürger der DDR.

Nach dem MfS vorliegenden ersten Hinweisen über Reaktionen von Bürgern der DDR löste die Entscheidung der Regierung der DDR über die zeitweilige Aussetzung des paß- und visafreien Verkehrs zwischen der DDR und der ČSSR für die Bürger der DDR spontan sehr differenzierte Meinungsäußerungen und Verhaltensweisen aus. Eine Reihe progressiver Kräfte befürwortet die eingeleiteten Maßnahmen, zeigt sich jedoch überrascht, daß eine derartige ›unpopuläre‹ Entscheidung unmittelbar vor dem 40. Jahrestag der DDR getroffen wurde. Teilweise wird betont, sie wäre bereits zu einem früheren Zeitpunkt notwendig gewesen. Vielfach wird die Hoffnung zum Ausdruck gebracht, daß es sich dabei nur um eine zeitlich eng begrenzte Maßnahme handele. Wiederholt wird argumentiert, dem Staat sei angesichts der verantwortungslosen Haltung der BRD-Regierung und der unhaltbaren Situation in der BRD-Botschaft in Prag kein anderer Ausweg mehr geblieben. Gleichzeitig wird jedoch mit Verärgerung festgestellt, daß diese Entscheidung wiederum diejenigen benachteilige, die ordentlich arbeiten und fest zu ihrem Staat stehen.
Nahezu übereinstimmend wird der Standpunkt vertreten, mit dieser Entscheidung kläre man nicht das Gesamtproblem des massenhaften Verlassens der

DDR, insbesondere durch Jugendliche und Jungerwachsene. Diese Entscheidung wird als besorgniserregend charakterisiert, verbunden mit immer zwingender formulierten Forderungen, die im Innern der DDR liegenden Ursachen aufzudecken und zu beseitigen. In zahlreichen Meinungsäußerungen unterschiedlichster Personenkreise wird eine ablehnende Haltung zu den Maßnahmen der Regierung der DDR bekundet. Das widerspiegelt sich in solchen Argumenten wie

– die Entscheidung ist eine ›Bankrotterklärung der Regierung‹;
– nun könne man überhaupt nicht mehr ins Ausland reisen, man sei eingesperrt;
– das sei ein ›schönes Geschenk‹ zum Republikgeburtstag, jetzt bleibe nur noch die Ausreise.

In Einzelfällen wurde unter Bezugnahme auf die getroffene Entscheidung geäußert, aus der SED, aus befreundeten Parteien und Massenorganisationen auszutreten und einen Antrag auf ständige Ausreise zu stellen. Bürger älterer Jahrgänge äußerten die Befürchtung, daß die neuen Reisebeschränkungen Anlaß für Tumulte, Unruhen und Widerstandshandlungen größeren Ausmaßes sein könnten ...«

Vormittags auf dem Hauptbahnhof. Die erwarteten Züge sind ausgeblieben. Resignation, Wut und Biwakierstimmung beherrschen – je nach Temperament – die Gemüter. Bereitschafts- und Transportpolizisten haben mit Bezirksparteischülern der SED und »anderen gesellschaftlichen Kräften« die Aufgänge zu den Durchgangsbahnsteigen bezogen und kontrollieren jeden, der hinauf möchte, sei es auch nur, um mit einem der fahrplanmäßigen Züge nach Meißen oder Pirna zu fahren. Ich mache die Probe aufs Exempel.
»Entschuldigen Sie, ich suche einen Kollegen. Wieso darf ich nicht auf den Bahnsteig?«
Polizist: »Sehen Sie nicht, was hier los ist? Wenn Sie keinen gültigen Fahrausweis vorweisen können, darf ich Sie nicht rauflassen.«
Älterer Polizist: »Macht der Schwierigkeiten? Treten Sie zurück! Ja, Sie meine ich!« (geht beträchtlich nahe an mich heran).
Ich versuche mein Glück mit einer frisch erworbenen S-Bahn-Fahrkarte. Zunächst scheint es mir zu gelingen. Doch dann hat mich mein älterer »Freund« erspäht. »Der war doch schon mal hier. Zurückhalten!«
Ehe meine ohnehin schon dünnen Nervenstränge durchbrennen, gebe ich auf. Ich möchte meine unverlangte Reportage in Abweichung meines »Judenzug«-Features nicht zu schnell beenden müssen. Eine freundliche ältere Frau schenkt Tee aus.

VP verbarrikadiert sich im Hauptbahnhof. 4. Oktober

Oben und folgende Seiten: Im Wasserstrahl der VP. 4. Oktober

33

ZWEITER TAG

Marianne (72), Rentnerin:

> »Na, klar mache ich das von mir aus. Nein, ich bin nicht vom Roten Kreuz. Von denen habe ich hier kaum jemanden gesehen. Obwohl doch so viele kleine Kinder hier sind. Auch ein paar ältere Leute, die weg wollen und kein Quartier haben. Wenn die Züge nicht bald kommen, werde ich ein paar Leute mit zu mir nach Hause nehmen. Sie müssen sich doch wenigstens mal waschen können ...«

Diese wunderbare alte Dame bringt mich auf eine Idee. Ich schlage einigen Leuten vor, in meine nicht allzuweit vom Hauptbahnhof entfernte Wohnung zu kommen, um sich frisch zu machen. Zwei Mädchen schnappen Reisetasche bzw. Kraxe und kommen auf anderthalb Stunde mit.
Anja (19), Abiturientin, zuletzt Aushilfskellnerin, und Birgit (29), Bibliothekarin:

> *Anja:* Ich glaube, vor heute Abend kommen die Züge nicht.
> *Autor:* Kennt ihr euch? Ich meine, wolltet ihr zusammen weg?
> *Birgit:* Iwo. Höchstens mal vom Sehen. Wir haben festgestellt, daß wir gar nicht weit auseinander wohnen. Und Anja kommt ab und an in unsere Bibliothek. Das heißt, *unsere* ist ja falsch, denn ich gehöre nicht mehr dazu. Seit heute.
> *Anja:* Sie hat sich herrlich spontan entschlossen. Für mich stand es schon länger fest, daß ich weg will. Bloß der Weg war noch nicht sicher. Aber was bleibt einem denn nun übrig?
> *Autor:* So schlimm?
> *Birgit:* Was heißt so schlimm? Es ist einfach alles sinnlos. Ich habe schon seit Jahren nur noch ausgeharrt und auf irgend etwas gewartet.
> *Anja:* Eigentlich wollte mich ein Mann holen. (Lacht). Ja. Ich hab gekellnert den Sommer über. Und da hab ich ihn eben kennengelernt. Aber jetzt hat das alles keinen Zweck mehr. Außerdem kenn' ich noch n' Rockmusiker. Aber der hat auch nichts mehr von sich hören lassen.
> *Birgit:* Die können doch nicht alle weg sein! Das ist für mich sowieso das Schlimmste. Diese Psychose. Ich glaub, das hat mir den Rest gegeben. Daß alle möglichen Leute, die man kannte und auf die man was gab, fort wollen oder sind. Viele über Ungarn. Mein Mann auch. Einfach weg.
> *Anja:* Wie, dein Mann ist weg?
> *Birgit:* Wir lagen schon in Scheidung. Schon lange aus. Das hat damit jetzt gar nichts zu tun. Ich meine bloß. Die gehen alle weg. Und trotzdem bin ich mir noch nicht sicher. Bin heute früh mehr spontan auf den Bahnhof, nachdem ich von der Grenzschließung hörte. Das erste Mal, daß ich ohne Grund nicht zur Arbeit gehe ...

Anja: Grund ist das schon. Und wenn dein Mann fort ist! Hat sie mir noch gar nicht erzählt, vorhin auf dem Bahnhof!
Birgit: Ist ja auch egal. Aber ich geh nicht mehr zurück. Hab das Nötigste in die Kraxe geladen. – Schönen Dank für den Tee! – Na, und den paar Freunden, die ich noch habe, und meiner alten Mutter, die mich sowieso nicht versteht, schreib ich von drüben. Wenn's klappt.
Anja: Bloß gut, daß ihr noch keine Kinder hattet. Bei mir wär's im Sommer bald passiert. Pille vergessen ... – Grins nicht, dein Tee schmeckt.
Birgit: War ja auch alles so sinnlos. Was wir für Statistiken führen mußten in der Bibliothek! Nur Bürokratentum. Ich wollte mal einen jungen Schriftsteller einladen, wirst du vielleicht kennen, Durs Grünbein, weiß nicht, ob das ein Künstlername ist, jedenfalls durfte ich nicht. Die Leiterin: Solche Spinner nehmen wir nicht. Mein Gott, ich kann doch nicht Goethe einladen.
Anja: Der war doch auch ein Spinner. Da gab's bei den Rockern, die ich kenne, keine Probleme. Die hatten das früher mal durch. Dafür kam jetzt die Knete. Also wegen solcher Sachen geh ich nicht. Bei mir ist es eher, daß ich keinen Studienplatz kriege, der mir gefällt. Modegestaltung oder so. Aber selbst wenn, was kann man denn da umsetzen, wenn man sowas studiert hat. Männer gibt's auch drüben, sag ich mir, und da wird ein junges Blut nicht untergehn. Oder was sagst du? Bestimmt ist was drin, jobmäßig oder so, und ein Auto nicht nach fünfzehn Jahren Wartezeit. Und dann so'ne Trabant-Klapperkiste.
Birgit: Trotzdem gibt's doch noch andere Werte. Ich finde die Idee vom Sozialismus eigentlich gar nicht so schlecht. Bloß wie das angefaßt wird ... Nein, da mach ich nicht mehr mit.
Anja: Der Junge von drüben, ich glaube, der ist in der Wirtschaftsbranche was, der sagt immer, das liegt an den Verhältnissen hier. Sozialismus ist Spinne. Jedenfalls auf die Art. Da ist mehr Sozialismus in Spanien als in der DDR. Und dort haben sie auch erst die Diktatur zu Grabe geschaufelt.
Birgit: Ist das denn hier 'ne Diktatur? Na klar, in der Schule hieß es doch immer: Diktatur des Proletariats. Also ich kann mir nicht helfen, aber das ist doch überholt. Mir gefällt, was Gorbatschow sagt.
Anja: Mir gefällt auch Gorbatschow. (Die Mädchen lachen)
Anja: Und du – schreibst du dir das alles auf? Verpfeifst du uns auch nicht? Ich meine, daß wir wegwollen.
Autor: Das ist eure Sache. Bloß, das muß doch einer festhalten, was hier los ist. Im Grunde müßte bei denen da oben doch längst der Groschen gefallen sein bei dem vielen, was sie von uns wissen. Ich weiß mir auch keinen Rat mehr. Was man machen könnte. Ich dokumentiere nur noch.
Birgit: Hast du wenigstens was, woran du dich festhalten kannst. Könnte dich direkt beneiden. Na, vielleicht überleg ich mir's doch noch, ob ich abhaue. Lö-

sung ist es keine, das weiß ich. Hast du Telefon? Ich meine, kann man mal anrufen?
Autor: Nein. Anmeldung seit acht Jahren.
Anja: Na, das beruhigt mich einigermaßen. Wär mir auch egal. Was meinst du, wann die Züge kommen?
Autor: Vielleicht heute nacht? Aber wie wollt ihr alle mit.
Birgit: Das wird ein Chaos. Ich glaube, ich geh vielleicht doch wieder nach Hause.
Anja: Wenn bloß die Ausreiseanträge schneller ausgegeben würden. Da kommst du auch nicht ran?
Autor: Ach woher.
Anja: Schönen Dank für den Tee. Gehen wir wieder zum Bahnhof.
Birgit: Na ja, ich komm noch mal mit. Aber ob ich bleibe, dort, das weiß ich noch nicht.

Die Stimmung auf dem Hauptbahnhof ist unverändert. Volker (22), Wirtschaftskaufmann, will »bloß mal so nach Berlin. Zu van Veen«, einem Konzert. Ihn erschreckt, was los ist. Nicht alle Leute mit Kraxen oder Taschen wollen weg. Das macht mir ein klein wenig Hoffnung. Dennoch weicht die Ratlosigkeit nicht von mir. Irgendwo, ohne, daß ich sie deuten könnte, glimmt eine Ahnung, die Sinnlosigkeiten der achtziger Jahre endlich loszuwerden und meinen Beruf, zu schreiben, wirklich frei ausüben zu können. Aber würde sich das erfüllen können? Und unter welchen Opfern? Irgendwo skandiert der bekannte Dresdner Gastwirt und Unterhaltungskünstler Karl-Heinz Bellmann einen Slogan und diktiert ihn einem Kollegen in die Feder: »Um es mit Marx zu sagen: Man muß die versteinerten Verhältnisse zum Tanzen zwingen, indem man seine eigene Melodie findet.«
Während ich auf dem Dresdner Hauptbahnhof noch um einen halbwegs klaren Kopf ringe, fährt der Katholische Bischof von Dresden-Meissen, Joachim Reinelt, in einem weißen Mercedes ins Ordinariat am Käthe-Kollwitz-Ufer.
Bischof Reinelt erinnert sich:

»Am Vormittag des 4. Oktober 1989 erfuhr ich bei meinem Dienst im Bischöflichen Ordinariat in Dresden, daß es auf dem Dresdner Hauptbahnhof in der Nacht zu gewalttätigen Auseinandersetzungen gekommen sei und daß weitere Gewalttätigkeiten zwischen Polizei und Demonstranten am gleichen Tage auf dem Hauptbahnhof zu befürchten seien. Daraufhin habe ich mich spontan zum Hauptbahnhof begeben und zunächst zusammen mit meinem Sekretär die Situation vor Ort wahrgenommen. Dort traf ich den katholischen Pfarrer von Dresden-Neustadt, der mich dringend bat, sofort etwas für die bedrängten Ausreisewilligen zu unternehmen.

Ich bin daraufhin zum Bischöflichen Ordinariat zurückgefahren (die Volkspolizei hatte auf dem Hauptbahnhof offensichtlich meine Anwesenheit registriert und an entsprechende Stellen weitergemeldet). Nach einer kurzen Lagebesprechung habe ich mich entschlossen, beim Rat des Bezirkes Abteilung Inneres für einen friedlichen Ausgang der Spannungen zwischen Ausreisewilligen und Volkspolizei einzutreten.

Mir wurde mitgeteilt, daß der verantwortliche Leiter der Abteilung, Fuchs, nicht zu sprechen sei. Es war deshalb lediglich ein Vorstoß über die Abteilung Staatspolitik/Kirchenfragen möglich. Von dort wurde mir zugesagt, daß alles geschehen werde, um unser Anliegen an die Verantwortlichen weiterzugeben. Daraufhin bin ich wiederum zum Hauptbahnhof gefahren, um dort mit einem Vertreter der Transportpolizei zu sprechen, der mir zusicherte, seinerseits alles zu tun, um es nicht zu einer Eskalation der Gewalt kommen zu lassen.

Am bedeutsamsten jedoch war das Gespräch mit den Ausreisewilligen. Diese machten insgesamt nicht den Eindruck von Chaoten, wie es nachträglich in der Presse behauptet worden war, sondern eher einer Auswahl intelligenter, selbstbewußter und entscheidungsfähiger junger Menschen. Zumeist waren es Männer. Wörtlich sagten sie mir: ›Herr Bischof, wir sind die Letzten, die hier rauskommen. Und sie werden sehen, wir fahren mit diesen Zügen mit, wir halten sie an, wir springen auf. Was nachher mit Euch hier passiert, das könnt Ihr Euch ausrechnen. Sie werden mit Euch abrechnen wie nach dem 17. Juni.‹ Die Volkspolizei beobachtete dieses etwa 20 bis 30 Minuten während Gespräch offensichtlich etwas kritisch. Das Gesprächsergebnis mit den Ausreisewilligen führte jedoch nicht dazu, daß der Entschluß zu einem gewaltsamen Erzwingen der Ausreise rückgängig gemacht werden konnte.

Ich mußte danach zu einem Gottesdienst nach Bautzen fahren und sah kurz nach Dresden einen jungen Mann, der zwei Schafe auf die Weide führte. – Ein Bild des Friedens unmittelbar nach den Szenen höchster Spannung!

Bald darauf begegnete mir ein mit Sondersignal angeführter Konvoi von Volkspolizisten, vermutlich aus Bautzen.

Ich konnte mir vorstellen, was das für die jungen Leute auf dem Hauptbahnhof bedeutete.

Ich habe die Gottesdienstteilnehmer im Kloster zu Bautzen gebeten, an diesem Abend besonders für die Menschen im Dresdner Hauptbahnhof zu beten.«

(Aufgezeichnet Frühjahr 1990)

Auf dem Dresdner Hauptbahnhof befinden sich die Polizisten – einander noch geregelt ablösend – den ganzen Tag in Bereitschaft. Neue Hundertschaften rollen heran. Was in der vergangenen Nacht geschehen war, muß sich noch potenzieren, würden die Züge erst eintreffen.

ZWEITER TAG

Wieder ist es Abend. Was ich mir nie so recht hatte vorstellen können – auch hier in der sogenannten Deutschen Demokratischen Republik gibt es Sturmtruppen, Helme, Schlagstöcke und Schilde zu Tausenden, deren Träger trainiert sind im Einsatz gegen Menschen. Eng an eng, dicht an dicht, Rücken an Rücken rücken sie an. Hinter den Bereitschaftspolizisten die Offiziere in Uniform, die in Zivil. Auch sie nicht nur Täter, sondern Opfer zugleich. Sonst stünden sie jetzt nicht im Hagel der Steine mit Angst im Leib und aufgehetzt, aufhetzend. Tierinstinkte gewinnen bei manchen Oberhand. Keiner kann sagen, von welchem Arm der erste Stein geschleudert wurde, wer die Prügelei in den Bahnhofshallen begann. Die Videokameras waren jedenfalls schon montiert, als die Menge zusammenkam. Und ein Teil der als Beweismittel aufgenommenen Videos wird später auf unerfindliche Weise verschwinden. Wie es dann losging, das konnte niemand sich wünschen. Scheiben splitterten im Innern des Bahnhofs, Schreie von Wut und Angst und Schmerz im Getöse der Stöcke. So geht es schon seit dem Nachmittag. Zu über Tausend oft erbitterten, enttäuschten Ausreisewilligen, Rückkehrer von der geschlossenen Grenze wie aus dem ganzen Land den Zügen entgegengereist, kommen ein paar Dutzend Leute, die gar nicht weg wollen, Randalierer. Vor dem Bahnhof die Menge hat die Neugier hergetrieben, einige sind vielleicht vom Parteisekretär instruiert. Viele auch denken wie meine Freunde und ich: So geht es nicht weiter; es muß etwas geschehen! Aber was? Uns alle – zu Tausenden – zu schlagen, werden sie nicht wagen.

Nicht ahnend, in welche Gefahr wir uns begeben würden, bahnen wir, meine Frau und ich, uns den Weg durch die Menge, bis wir Auge in Auge mit den Polizisten stehen. Nur das Visier ist zwischen ihnen und uns. Ich versuche, einen der jungen Burschen anzusprechen. Er schaut weg. Doch Haß sehe ich nicht in seinen Augen, eher Angst, Unsicherheit.

Auf dem Trafohäuschen steht eine Gruppe junger Männer. Sie singen – stark alkoholisiert – die Internationale. Leere Flaschen und ab und an ein Stein fliegen in die Richtung der Polizisten. Die Menge bleibt stumm. Doch die Atmosphäre ist angeheizt. Einige junge Leute springen auf einen abgestellten Trabant aus Rostock. Seine Besitzer warten gewiß in der Bahnhofshalle auf die versprochenen Züge. Oder sind sie schon in Gewahrsam genommen? Wie lange sie wohl auf den Trabi gewartet haben, und auf jeden Werkstatttermin?

Jetzt schlägt dicht neben mir eine Flasche auf. Glas splittert. Wir ziehen uns langsam zurück. Ich kenne die Luft, kurz bevor ein Gewitter losbricht. Lastwagenfahrer erzwingen die Durchfahrt durch den Polizeikordon. Sie demonstrieren ihre Solidarität mit der Menge. Die schweigsame, unentschlossene Menge. Nicht mehr lange steht sie so. Ein Mädchen, das ich aus der Zions-Gemeinde kenne, ruft unweit von mir: »Wir wollen den totalen Dialog!« Wenig später schlagen die Knüppel los. Wir laufen inmitten des Aufgeschreis der Panik über die letzte Straße davon,

Oben und folgende Seiten: Hauptbahnhofsvorplatz. Wasserwerfer im Einsatz. 4. Oktober

die noch nicht von den Polizisten abgeriegelt ist. Als wir den Flaschenhals außer Atem verlassen, biegen die Mannschaftswagen um die Ecke. Neue Polizisten springen herunter. Nur gut, daß sie es nicht eilig haben.
Auf der anderen Seite des Hauptbahnhofes brennt ein umgekipptes Polizeiauto. Auch hier ist die Schlägerei in vollem Gange. Pflastersteine und Flaschen fliegen hin und her. Eine Rauchbombe explodiert. Später fallen Brandflaschen, und Reizgas quillt hervor. Ein Wasserwerfer spielt sein zynisches Spiel. Ich bin froh, daß ich meine Frau jetzt sicher zu Hause weiß. Sicher?
Die seit Tagen nagende Angst verstärkt sich wieder. Wissen die Herrschenden davon, was hier auf der Straße geschieht? Daß die, für die sie vorgeben zu sprechen, unter die Knüppel fallen? Ich möchte es zu ihnen hinaufschreien, aber die Kehle ist mir zugeschnürt. Haben sie uns alle längst aufgegeben?
20 000 Menschen. Allein hier in Dresden.

Michael Bartsch

Im Bereich der Einschwingkurve eines Gummiknüppels

Du Menschbruder du,
Riemengesicht,
Kessler und Ketter,
wortschmaler Breitling,
weigerst den Kuß?

Entband uns nicht der gleiche Schoß?
Ein Urstoff, aus dem wir geballt
und nicht nur Fäuste, zeugte nicht
ein Wort uns, fielen wir
auf eine Erde, kosten dort
die Weltenwiese, schmiegten an
dieselben Sterne unser Hoffen?
Da tranken wir die Frühe
aus dem ersten Glas, die Milch
war noch nicht schwarz, da stießen wir
zurück in eine Mutter und
verbrannten in den gleichen Feuern.

Der Scheider und der Weltentrenner,
die fütterten das Tier, die gossen
den Keim, der sproßt, den ihren, auch in uns.

Beschuldigen? Wen? Ein Prinzip?
Die Gattung? Sonst die Kompliziertheit,
Komplizen zeitigend, Befehle,
die Unentrinnbarkeiten, haftet
alleinefern der objektiven Moloch
im Bunde mit den Unauffindlichen.

Du Liebfeind,
schluck deinen Stock
und verdau.
Den Knüppel zurück
in den Rucksack
unsrer Geschichte.
Du Menschbruder du,
schlag nicht zu!

Während sich am und im Hauptbahnhof bürgerkriegsähnliche Szenen zutragen, ereignet sich in der Kathedrale folgender Zwischenfall.
Dompfarrer Klemens Ullmann erinnert sich:

»Zu Beginn der Rosenkranzandacht am Mittwoch, dem 4.10.89, die im rechten Seitenschiff der Kathedrale stattfand, drang eine Gruppe von 52 jungen Menschen in die Kathedrale ein und setzte sich in den rechten hinteren Bankblock des Hauptschiffes. Zwei hinzukommenden Gemeindemitgliedern und dem Küster Kschidock erklärten sie, daß sie die Kirche erst wieder verlassen würden, wenn ihnen von den staatlichen Stellen Ausreisepapiere in die BRD ausgegeben würden. Dabei erzählten sie, daß sich eine furchtbare Schlägerei in und vor dem Hauptbahnhof abgespielt habe, der sie entgangen seien. Da die Kreuzkirche verschlossen war, sind sie zur Kathedrale gezogen.
Auf Aufforderung hin verhielten sie sich während der Andacht still. Überhaupt war ihr Verhalten diszipliniert. Nach der Andacht war inzwischen der Generalvikar des Bistums Dresden-Meißen, Herr Georg Hanke eingetroffen. Mit dem von der Gruppe bereits gewählten Sprecher wurde ein Gespräch geführt, in dem der Generalvikar sich die Forderung der Gruppe anhörte und vor allem die Handlungsunfähigkeit der katholischen Kirche in diesem Anliegen aussprach. Vom Sprecher wurde wiederholt, daß ein Herausgehen der Gruppe aus dem Kirchenraum erst nach Erteilung der Ausreisegenehmigung erfolgen würde. Generalvikar Hanke gab den Standpunkt der Kirche vor der Gruppe noch einmal bekannt, daß die Kirche keine Mittel habe, etwas zu erreichen und

daß der von der Gruppe eingeschlagene Weg der gewaltsamen Besetzung der Kirche ein Unrecht sei. Noch während dieser Erklärung und der sich anschließenden Aussprache mit der Gruppe rief Herr Schulze vom Rat der Stadt, Abteilung Kirchenfragen, an. Dort wußte man schon, daß die Hofkirche besetzt sei. Er erklärte im Namen von Herrn Fuchs, Leiter der Abteilung Inneres beim Rat des Bezirkes Dresden, daß alle Mitglieder der Gruppe in doppelt auszuführenden Listen mit Namen und Wohnanschrift erfaßt werden sollten. Eine der Listen sollte als Garant bei der Kirche bleiben, eine andere würde von Herrn Wolf vom Rat der Stadt abgeholt. Von da aus sollten noch in der Nacht die zuständigen Räte der Kreise benachrichtigt werden. Ab 8 Uhr des 5.10. könnten sich die einzelnen ihre Ausreisepapiere bei ihren Kreisen abholen und am 6.10. aus der DDR ausreisen, egal ob sie bereits einen Ausreiseantrag gestellt haben oder nicht.

Der Dompfarrer verkündete diese Mitteilung und gab an die Gruppe Listen aus, in die man sich eintrug. Dabei stellte sich heraus, daß die einzelnen Glieder der Gruppe aus den unterschiedlichsten Gegenden der DDR zusammengekommen waren, von Schwerin über Leipzig, Halle, Dresden, Görlitz, Hoyerswerda, Weimar, Bad Salzungen usw.

Die Gruppe hatte sich bereits im Laufe des Tages vor dem Hauptbahnhof zusammengefunden. Einige waren in der Nacht vorher in Bad Schandau aus dem Zug geholt und gewaltsam zurückgeschickt worden. Sie hofften neben vielen anderen, in Dresden auf die aus Prag kommenden Züge (die nach westlichen Meldungen 11 000 DDR-Bürger aus der BRD-Botschaft in Prag in die BRD bringen sollten) aufsteigen zu können.

Vermutlich gegen 21 Uhr kam Herr Wolf vom Rat der Stadt in die Kirche, erklärte der Gruppe noch einmal in Anwesenheit des Generalvikars und des Dompfarrers den angebotenen Modus. Die Gruppe lehnte diesen Vorschlag durch Abstimmung mit Handzeichen ab. Sie zweifelten daran, ob sie überhaupt ihre Heimatorte bzw. schon den Bahnhof in Dresden erreichen würden. Ihr Vertrauen in staatliche Behörden war erschüttert. Sie forderten, als gesamte Gruppe die Papiere zu erhalten. Auch das Angebot, daß die Dresdner sofort mitkommen könnten, wurde abgelehnt.

Mit diesem Ergebnis ging Herr Wolf wieder aus der Kirche. Inzwischen war Superintendent Ziemer von der Kreuzkirche in der Kathedrale eingetroffen. Er berichtete, daß sowohl die Dreikönigskirche als auch die Kreuzkirche von kleineren Gruppen besetzt waren. Diese waren allerdings auf das gemachte Angebot eingegangen.

In der Sakristei der Kathedrale waren zu dieser Zeit anwesend Generalvikar Hanke, Dompfarrer Ullmann, Domvikar Richter, Domkantor Wagner, die beiden Domküster sowie Frau Wolf, die Pfarrhaushälterin. Der Bischof, der an diesem Abend in Bautzen war, wurde nach seiner Rückkehr ständig telefonisch informiert.

Da mit einer längeren Besetzungszeit durch die Gruppe zu rechnen war, holte auf Ziemers Angebot hin Herr Wagner 50 Decken aus der Kreuzkirche. Ebenfalls wurde Tee gekocht, um etwas Warmes zu trinken reichen zu können.

Inzwischen gab es ein Telefonat mit Herrn Johne vom Rat des Bezirkes, Abteilung Kirchenfragen, der lediglich das erste Angebot wiederholte. Generalvikar Hanke bestand darauf, daß ein staatlicher Vertreter das der Gruppe wiederholen sollte.

In der Zwischenzeit rief Herr Schulze wieder an und deutete eine Lösung nach Wunsch der Gruppe an.

Nach Eintreffen von Herrn Johne in der Kathedrale setzte er sich mit den städtischen Stellen in Verbindung und wartete mit einem weiteren Gespräch mit der Gruppe, bis neue Weisungen gegeben wurden.

Gegen 0.30 Uhr wurde durchgegeben, daß ein Bus käme, um die gesamte Gruppe zum Rat des Stadtbezirkes Süd zu bringen, wo jeder noch in dieser Nacht die Ausreisepapiere erhalten sollte. Gegen 0.45 Uhr kam der Bus an. Vor der Kathedrale war absolute nächtliche Ruhe. Herr Kühne vom Stadtbezirk Ost, Abteilung Kirchenfragen, war befugt, die letztgenannte Lösung bekanntzugeben. Daraufhin erhob sich ohne Zögern die gesamte Gruppe und ging mit. Generalvikar Hanke fuhr zusammen mit Herrn Johne und Herrn Kühne im Bus mit, Dompfarrer Ullmann folgte im Pkw, um den Generalvikar nach Hause bringen zu können.

Beim Rat des Stadtbezirkes Süd am Fritz-Förster-Platz wurde von Herrn Kühne die Gruppe zwei aus dem Haus kommenden Beamten übergeben. Diese erklärten den bevorstehenden Modus, der folgen sollte und ließen daraufhin die Gruppe ins Haus. Einzelne verabschiedeten und bedankten sich bei uns. Wir fuhren daraufhin gegen 1 Uhr nach Hause.

Der Generalvikar und der Dompfarrer beschlossen, am nächsten Tag die Kathedrale geschlossen zu halten. Lediglich zu den Gottesdiensten sollte geöffnet werden. Die Domführungen fallen aus. Diese Entscheidung fand Kritik seitens des Domvikars, des Leiters der Dombauhütte und anderer.«
(Bericht, Oktober 1989)

Für viele Menschen geht der Abend des 4. Oktober jedoch anders aus. Ein krasses Beispiel schildert eine Betroffene.
Mary Vaupel, 23.45 Uhr am Hbf., Nähe Haltestelle Linie 11, landwärts:

»Wir überlegten, wie wir weitergehen sollten. Überall Polizisten. Vor uns eine Polizeisperre. Ehe wir uns versahen, wurden wir hinter die Linien gezerrt. Wir

Hauptbahnhofsvorplatz: VP-Fahrzeug wird in Brand gesteckt.
4. Oktober

Schutzpolizei vor dem Hauptbahnhof. 4. Oktober

Oben und folgende Seite: Hauptbahnhofsvorplatz. Nacht vom 4. zum 5. Oktober

sagten, daß wir nur nach Hause wollten bzw. zur Straßenbahn. Trotzdem wurden wir zugeführt. Gegen 2.30 Uhr kamen wir im Polizeigebäude Dr.-Kurt-Fischer-Allee an und wurden bis 5.00 Uhr festgehalten und getrennt verhört.
Bei mir fand man eine Visitenkarte des ZDF, auf die ich gar nicht mehr geachtet hatte. Sie stammte aus dem Nachlaß von Leuten, die nach dem Westen gegangen waren. Das brachte mir die Zuführung zur Stasi ein. Der Beamte ließ mich einen Meter vor ihm gerade hinstellen. Danach schrie er: So sehen Bestien aus, Sau, Ratte, Vieh! Wir werden uns furchtbar rächen! Ich werde dich niedermachen, du wirst mich um Gnade anflehen. Danach bezeichnete er mich als Westspion, der vom ZDF bezahlt wird und sagte zu mir: Ich werde dich jetzt etwas mißhandeln ... Er schlug mich mehrfach mit der Faust ins Gesicht und trat mir auf die Füße. Er bezeichnete mich als Hure von ZDF-Leuten, die illegal die DDR verlassen wolle.
Als ich bat, meine Eltern benachrichtigen zu können, weil mein Kind allein zu Hause sei, wurde mir das verwehrt. Mein Kind werde in ein Heim gebracht. Drei Stunden Psychoterror folgten. Ein Angehöriger der kasernierten Volkspolizei erlaubte mir dann zu telefonieren. Am 5. 10. 19 Uhr wurde ich entlassen. Mein Mann am 6. 10. 13 Uhr. Gegen uns liegt ein Ordnungsstrafverfahren vor.«
(Aus einem Gedächtnisprotokoll, Oktober 1989)

Menschliches Leid und Schmerz auch auf Seiten der Polizisten. Nicht alle führen gern einen Schlagstock, wohl die meisten nicht. Polizeimeister Uwe Prasatko wird in jener Nacht mit einer leichten Schädelfraktur und gebrochenem Mittelfußknochen ins Bezirkskrankenhaus Dresden-Neustadt eingeliefert. Er erinnert sich:

»Am Abend wurden wir in Bereitschaftsausrüstung zum Hauptbahnhof gefahren. Wir sollten das Gebäude und die in ihm befindlichen Anlagen vor Übergriffen schützen. An einem der Eingänge Richtung Prager Straße hatten wir die Halle abzuriegeln. Ich stand in der ersten Reihe. Die riesige Menge hauptsächlich junger Leute uns gegenüber, die zunehmend aggressiv wurden, hatte ich nicht erwartet. In dieser Dimension erlebte ich das zum ersten Mal. Als die ersten Pflastersteine fielen, traf mich einer ans Bein. Das reichte. Wenig später prallte mir ein weiterer gegen den Kopf. Das Visier zersprang, und ich blutete über dem linken Auge. Für mich das Ende des Einsatzes. Bahnhofsangestellte kümmerten sich um mich. Ich bin seit vier Jahren bei der Polizei, sowetwas hatte ich nicht erwartet. Mir ist das jetzt (einige Stunden danach) alles unbegreiflich. Wie konnte eine Menge so aufgeputscht werden. Was hat sich da alles angestaut. Mich packte angesichts solcher Brutalität, die auch für Unbeteiligte töd-

lich sein konnte, Angst. Ich finde, daß diese Art aufeinander zuzugehen nicht der richtige Weg sein kann, um Konflikte zu lösen ...«
(Bericht, Oktober 1989)

Über die Ereignisse in der Nacht vom 4. zum 5. Oktober berichtet ADN:

Rowdyhafte Ausschreitungen

Dresden (ADN). Wie die zuständigen Staatsorgane mitteilten, kam es in der Nacht vom 4. zum 5. Oktober 1989 im Bereich des Dresdner Hauptbahnhofes zu rowdyhaften Ausschreitungen, in deren Folge der Zugbetrieb gestört und Anlagen und Einrichtungen beschädigt wurden. Es entstanden Verspätungen im Fernreiseverkehr und insbesondere im internationalen Verkehr. Durch den Einsatz der Schutz- und Sicherheitsorgane sowie der Eisenbahner wurde die Ordnung wiederhergestellt. Bei ihrem Einsatz zur Wiederherstellung der Ordnung sind eine Reihe Mitarbeiter der Sicherheitsorgane verletzt worden. Eine größere Anzahl der an den Ausschreitungen beteiligten Personen wurde festgenommen. Entsprechend ihrer Teilnahme an kriminellen Handlungen haben sie sich in Kürze vor Gericht zu verantworten.

Dritter Tag   5. Oktober 1989

Gegen 1.30 Uhr, fast unbemerkt, auf einem Außengleis, das nur für 30 Kilometer pro Stunde ausgelegt ist, passieren einige der mit Flüchtlingen aus Prag besetzten Züge in viel zu hoher Geschwindigkeit den Hauptbahnhof. Die anderen werden über Vojtanov/ČSSR umgeleitet.
ADN informiert:

Unvereinbar mit den Regeln des internationalen Rechts

Berlin (ADN). In Übereinkunft mit der Regierung der ČSSR hat die Regierung der DDR entschieden, die Personen, die sich widerrechtlich in der Botschaft der BRD in Prag aufhalten, über das Territorium der DDR in die BRD auszuweisen. Dabei ließ sie sich vor allem von der Lage der Kinder leiten, die von ihren Eltern in eine Notsituation gebracht worden sind und für die deren gewissenloses Handeln nicht verantwortlich gemacht werden können. Es wird erwartet, daß nunmehr seitens der Regierung der BRD Maßnahmen getroffen werden, durch die eine normale Tätigkeit der Botschaften entsprechend dem Völkerrecht und den internationalen Gepflogenheiten gewährleistet wird. Andersartige Praktiken sind nur geeignet, das Zusammenleben der europäischen Völker zu stören. Darüber sollten sich sowohl die Politiker in Bonn als auch diejenigen, die sich an derartigen Machenschaften beteiligen, im klaren sein.

Einer derer, die die Züge fuhren, ist Bruno L.:

»Normalerweise werden ja die Lokführer an der Grenze gewechselt. Aber wir mußten durchfahren. Meine sächsischen Strecken kenne ich. Auch nach Rügen, durch Mecklenburg, die Börde drüben, alles. Aber in Böhmen ... Signale sind nicht alles. Dazu kam die Müdigkeit. Wir hatten ja alle -zig Überstunden. Natürlich wird man gefragt, ob man in der Lage ist, alles okay und so. Hätte vielleicht lieber nein sagen sollen. Denn einerlei war mir das nicht. Die Leute waren ja außer Rand und Band. Und hinzu kamen noch die ständigen Vertröstungen. Die warteten ja schon zwei Tage auf die Züge. Na, in Prag jedenfalls ein Riesenjubel. Einige waren beim Einsteigen sogar rücksichtsvoll. Ich habe einen jungen Mann gesehen, der seine Frau, oder war es eine andere, zuerst einsteigen ließ, obwohl er vor ihr stand in dem dichten Pulk.

„Also für mich wär das nichts gewesen, so einfach auf und davon. Aber das sind junge Leute eben. Und etwas muß sie ja außer Landes getrieben haben. Nicht, daß ich mit allem zufrieden wäre. Die Arbeitsbedingungen bei der Bahn hier sind unter der Hutschnur. Da könnte ich aus der Schule plaudern, bloß Rachegefühle habe ich nicht und Details gehen keinen was an. Man hat ja auch seine Reichsbahnerehre. Durch und durch isses mir bloß gegangen, als ich die Leute da an der Strecke sah. Im ersten Zugpulk, 30.9./1.10., sind ja die Türen nicht verriegelt gewesen, die Fahrgäste haben zum Teil bei Langsamfahrstrecken Türen aufgemacht und Leute, die mit wollten, reingezogen. Da war die Trapo ja nun schlauer. Die Menschen waren förmlich eingesperrt im Zuge. Darf ja aus Sicherheitsgründen – Feuer und so – normalerweise nicht sein. Andererseits ist Aufspringen während der Fahrt auch kreuzgefährlich. Wie dem auch sei. Gefragt worden bin ich sowieso nicht. Im Gegenteil: Wenn ich Befehl bekäme zu fahren, hätte ich loszufahren! Egal wie die Strecke aussieht. War ja nichts auszuschließen in diesen Tagen. Die Menschen standen nicht nur in den Bahnhöfen Spalier. Auch auf freier Strecke säumten sie die Gleise. Und dazu noch im Dunkeln. Also wir fuhren ja schon langsam größtenteils. Aber selbst mit fünfzig Kilometer pro Stunde kann ich nicht mehr anhalten, wenn ich im Lichtkegel plötzlich eine Familie mit Kindern auf dem Gleis sitzen sehe. Gottseidank ist mir das nicht vorgekommen. Es war ein regelrechtes Wunder, wie wenig da alles in allem passiert ist. Einzelne Unfälle wurden dann auch in der Presse vermeldet. Ich weiß auch nicht, ob wirklich alles bekannt geworden ist. Größere Verletzungen sicherlich. Meines Erachtens war es ein Wahnsinnsstreich, die Züge über DDR-Gebiet zu leiten. Die Bundesbahn hatte sich bereiterklärt, die Leute auf direktem Wege aus Prag abzuholen. Doch das paßte nicht zum Eigensinn der Herren aus Berlin. Sie wollten ihre »Oberhoheit« bewahren. Lange hat ja diese Senilität nicht mehr durchgehalten. Aber was das für Menschenleben hätte kosten können! Außer den Polizeieinsätzen meine ich, das mal ganz beiseitegelassen. Alleine die Entscheidung mit den Zügen, die ja dann, zumindest in Dresden, auch manches andere ausgelöst hat. Jedenfalls war ich heilfroh, als ich die Fuhre im Vogtland übergeben konnte. Da wurde endlich gewechselt. Also ich weiß nicht, wenn ich einen Befehl dazu bekommen hätte, ob ich in eine Menge hineingefahren wär'. Auszuschließen war ja hier rein gar nichts mehr. Wenn dann einer mit Pistole hinter einem auftaucht ... Na, ist ja nicht so gekommen, ist ja noch mal gut gegangen. Wissen Sie, da kann man wieder gläubig werden. An so einem Tag. Nicht mehr lange bis zur Rente, Gott sei Dank. Ich glaube, das war der verrückteste Zug, den ich in meinem ganzen Leben gefahren bin. Und da hat es schon manches gegeben ..."

(Mündlicher Bericht, Oktober 1989)

Unter dem 5. Oktober weist Stasi-Chef Mielke die Leiter seiner Diensteinheiten in einem Fernschreiben folgendermaßen an:

»Ausgehend von der Entwicklung der politisch-operativen Lage, insbesondere in letzter Zeit aufgetretener provokatorisch-demonstrativer Handlungen und Vorkommnisse, fordere ich nochmals nachdrücklich, die Anreise aller Personen, von denen Gefahren ausgehen können, die bereits im Zusammenhang mit provokatorisch-demonstrativen Handlungen bzw. provokatorischen Forderungen aufgefallen sind, nach der Hauptstadt der DDR, Berlin, während des Aktionszeitraumes unter Nutzung aller Möglichkeiten und *mit allen Mitteln* (Hervorhebung – E. B.) konsequent zu verhindern. Personen, die im Zusammenhang mit den Maßnahmen zum Reiseverkehr nach der CSSR zurückgewiesen werden, sind weiter unter Kontrolle zu halten. Es ist zu gewährleisten, daß diese Personen tatsächlich an ihre Heimatorte zurückkehren und an weiteren feindlich-negativen Aktivitäten gehindert werden.
Die Wirksamkeit aller Vorkehrungen und Maßnahmen zur Sicherung der Veranstaltungen sind mit dem Ziel des rechtzeitigen Erkennens jeglicher provokatorisch-demonstrativer Handlungen, der Formierung und Ansammlung feindlich-negativer Kräfte nochmals gründlich zu überprüfen. Feindlich-negative Aktivitäten sind *mit allen Mitteln* entschlossen zu unterbinden. Es ist zu prüfen, inwieweit die bereits eingeleiteten Maßnahmen unter dem Gesichtspunkt der Entwicklung der politisch-operativen Lage tatsächlich ausreichend sind. Ebenfalls ist nochmals die Bereitstellung aller Kräfte zu überprüfen. Es sind weitere Reservekräfte bereitzustellen. Sie sind gründlich einzuweisen und zu instruieren, damit sie kurzfristig zum Einsatz gelangen können. Keine Überraschung zulassen! Dem Gegner keine Möglichkeit geben, dort aktiv zu werden, wo er annimmt, daß wir da nicht sind!«
(MfS, Dokumentenverwaltung, Nr. 103625, vom 5.10.1989)

Das Aufbegehren der Menschen, die sich seit dem 3./4. Oktober in Dresden auf der Straße befinden, soll jetzt durch Polizeieinsatz konsequent niedergeschlagen werden. 30 Hundertschaften sind allein im Dresdner Raum aufgestellt. Dabei wird die unbeholfene Gewalt der Steinewerfer, die die meisten Demonstranten deutlich ablehnen, denunziatorisch auf alle übertragen, die Gerüchteküche in den Kasernen angeheizt. Wut und Angst kommen aus einem Topf, und in den werden Geschichten gekippt wie die, in einigen Kirchen seien schon Polizisten aufgehängt worden, der Dresdner Hauptbahnhof sei geschlossen, weil stärker zerstört als nach dem Bombenangriff am 13. Februar 1945 und Haarsträubendes mehr. Soldaten werden in Hundertschaften formiert, vorwiegend gehören sie der in Sachsen stationierten 7. Panzerdivision an. Aber auch Angehörige der Militärakademie sind darunter.

Im Aufklärungsbataillon 7 werden am Abend des 5. Oktober Waffen und Munition ausgegeben. Auf einem Kompanieappell weist man die Soldaten ein, diese Waffen »für den Schutz des eigenen Lebens« einzusetzen. Eindeutig ein Schießbefehl! Er steht im Widerspruch zu späteren Aussagen hoher Offiziere, es habe »nie einen Schießbefehl« gegeben. Erst am Tag darauf erfolgt jedoch die eindeutige Anweisung des Verteidigungsministers Keßler, die Truppen seines Befehlsbereiches nur mit Schlagstöcken und einer Schutzweste auszustatten.

In jenen Tagen nehme ich Verbindung zu Pfarrer Andreas Horn von der Versöhnungs-Gemeinde im Dresdner Osten auf, der mir seit langem als engagierter Seelsorger bekannt ist, um ihm mein Anliegen vorzutragen, die Ereignisse, ganz gleich wie sie verlaufen mögen, zu dokumentieren. Er vermittelt mich an Jugendpfarrer Martin Henker, bei dem im Oktober viele Fäden der Hilfe für Betroffene der Polizeieinsätze zusammenlaufen. Im Jugendpfarramt auf der Barlachstraße treffen bald auch erste Gedächtnisprotokolle und Hilfeersuchen von Angehörigen der Festgenommenen ein. Einige Protokollauszüge vervollständigen dieses Buch in entscheidenden Passagen. Andreas Horn, wie es der Zufall wollte, oder eben auch nicht nur zufällig, wird ab 8.10. kirchlicher Begleiter der »Gruppe der 20« bei ihren Gesprächen mit dem Oberbürgermeister sein.

Pfarrer Andreas Horn, Versöhnungskirche Dresden:

> »Mich hat in diesen Tagen, als die zweite Zugwelle unser Land durchfahren sollte, als man solange damit zögerte und dann die Nerven durchgingen auf beiden Seiten, ich beziehe da die Steinewerfer vom Hauptbahnhof einmal ganz bewußt mit ein, – mich hat da am meisten die Frage bewegt, warum das überhaupt in dieser Form entschieden worden ist, die Züge noch einmal über Dresden zu leiten, wo doch so viele standen, die nicht mehr herauskonnten wegen der Grenzschließung. Wir haben dann später erfahren, daß da im Zug noch gewisse administrative Dinge erledigt worden sind, Formalitäten, mit denen die DDR-Führung ihr Gesicht wahren wollte, auch außenpolitisch. Aber das konnte doch nicht derartige Gefährdungen rechtfertigen. Die Nachricht verbreitete sich ja wie ein Lauffeuer: hier kommen Züge durch. Und die Grenze war geschlossen worden. Da war doch für jeden vorauszusehen, daß alle, die noch irgendwie wegwollten, hierherkommen würden, um sich auf irgendeine Weise an diese Züge anzuhängen. Also Tumulte waren vorauszusehen. Und sie wurden noch vergrößert durch die verzögerte Abfahrt der Züge und die veränderte Fahrtroute. (Einige Züge wurden über Karlsbad nach Plauen im Vogtland gelenkt, wo sie dann noch ein kurzes Stück über DDR-Gebiet in Richtung Hof in Bayern dirigiert worden waren – E. B.)
> Ich habe die Ereignisse zunächst von Gemeindegliedern vernommen, die in der Nacht nach den Ereignissen auf dem Hauptbahnhof noch herkamen. So er-

fuhr ich, was sich dort abgespielt hat, zunächst einmal im Inneren des Hauptbahnhofes, und dann um den Hauptbahnhof herum, die Prager Straße einbezogen. Nicht nur am 3./4., auch am Abend des 5.Oktober und die darauffolgenden Tage fanden zum Teil regelrechte Straßenschlachten zwischen der Polizei und den Demonstranten, oder einem Teil von ihnen, statt. Aber immer öfter wurden auch völlig unbeteiligte Menschen, die sich bewußt ruhig verhielten, von Polizisten aufgegriffen. Wir saßen regelmäßig nach den Veranstaltungen in der Kirche, zu denen ich ja Dienst hatte, in meiner Wohnung zusammen. Wir waren in dieser Situation eigentlich ziemlich ratlos. Die meisten Gemeindeglieder spielten keine aktive Rolle bei den Auseinandersetzungen und sie sagten mir auch, daß die Masse der Menschen eine mehr passiv-besorgte Rolle gespielt hat. Es gibt Berichte von einfachen Wehrpflichtigen, zu 18 Monaten Dienst eingezogen, die vor allen Dingen zur Bereitschaftspolizei gehörten, daß sie in einer sehr schwierigen Situation dort zwischen den aufgebrachten Jugendlichen und Volksmassen und ihren eigenen Offizieren und Staatssicherheitsmitarbeitern standen. Sie konnten in dieser Situation kaum zurückweichen, sondern wurden immer wieder vorgeschickt. Es war ihr Auftrag, Leute herauszugreifen. Daß dann später regelrecht Jagd gemacht wurde auch auf Gruppen von Unbeteiligten, ist vielleicht aus einer ›Tonnenideologie‹ auch bei der Polizei zu erklären: ihr habt jetzt soundsoviele zu bringen. Auch ist es ja ungefährlicher für einen Polizisten, Unbeteiligte festzunehmen, von denen wahrscheinlich keine Gewalt ausgehen wird, als tatsächlich hartgesottene Randalierer. Es gibt ja Videos von den ersten Zusammenstößen auf dem Hauptbahnhof, die auch in einer Gerichtsverhandlung gezeigt worden sind. Daraus geht gar nicht so klar hervor, wer Gewalttätigkeiten provoziert hat. Ich habe jetzt gehört, daß diese Videos nicht mehr auffindbar sind. Aber daraus, daß solche Videos existierten, kann man schlußfolgern, daß die Sicherheitskräfte eigentlich schon ziemlich zeitig auf Zusammenstöße vorbereitet waren; denn Videokameras fest zu installieren, das ist keine Sache von Minuten. Ich selber hatte dann Besuch von einer Freundin eines Jugendlichen, der Steine geworfen hat und durch Videos dann identifiziert und verhaftet worden ist. Sie hat mir geschildert, daß ihr Freund und seine Freunde doch eigentlich keine Gewalttäter sind, aber in dieser aufgeheizten Situation eben auch nach Steinen gegriffen haben. Inzwischen sind diese Jugendlichen längst freigelassen. Die Verantwortung für diese Situation tragen nicht sie und nicht die Polizisten, die ebenso aufgebracht und unerfahren waren. Superintendent Ziemer war bereits zu Beginn der ersten Auseinandersetzungen auf dem Hauptbahnhof und hat sich darum bemüht, die Situation zu entkrampfen. Er wurde über Lautsprecher gebeten, den Bahnhof zu verlassen. Schon daraus ergibt sich, daß bestimmte Kräfte zu diesem Zeitpunkt nicht an einem Gespräch interessiert waren. Wir haben dann in unseren abendlichen

Diskussionen hier in Versöhnung überlegt, wie kann man einen Dialog beginnen. Aber es war ja zu diesem Zeitpunkt noch völlig unklar, mit wem überhaupt. Mit der Polizei, das war ja gar nicht so leicht. Mit einem einzelnen Polizisten, der in einer Kette vorgeht, der einen Helm aufhat, ist das schwer möglich. Da muß man erst mal bestimmte Möglichkeiten anbahnen. Auf der Straße hat das dann erst später stattgefunden, daß es Kontakte mit Polizisten gab. Am Freitagabend, am 6. Oktober, da wurde es um den Hauptbahnhof herum und auf der Prager Straße im Einzelfall möglich, mit Bereitschaftspolizisten zu sprechen. Aber am 4. und 5. noch nicht. Und auch später, bis zum 8. abends auf der Prager Straße, war die Stimmung im wesentlichen verhärtet. Da war das Schlimmste zu befürchten.«
(Tonbandprotokoll, Jahreswende 1989/90)

Auch Jugendpfarrer Martin Henker erinnert sich:

»Ich war – von wenigen Nachtstunden abgesehen – fast ununterbrochen in der Kreuzkirche. Eine wichtige Zeit war der Sonnabendnachmittag (7.10. – E. B.), wo es zu einem Gespräch mit vielleicht hundert Leuten kam, die waren unfähig zu reden, die haben hemmungslos geweint. Frauen und Männer. Geweint über das, was sie auf Dresdens Straßen erlebt hatten, was ihren Angehörigen oder ihnen selbst widerfahren war. Am Sonntag kamen vor und nach dem Gottesdienst Menschen zu den Mitarbeitern der Kreuzkirche und erzählten, daß ihre Angehörigen, Kinder, Ehepartner oder auch Freunde, verschwunden seien, seit zwei, drei oder auch schon vier Tagen. Alle Versuche, Auskunft über den Verbleib zu erhalten, waren bisher erfolglos gewesen. Eine Frau, die gerade vom Abendmahl zu ihrem Platz zurückgehen wollte, sah ihren jüngsten Sohn hinter der letzten Bankreihe. Er winkte sie heran und sagte ihr, daß soeben zu Hause drei Mitarbeiter der Staatssicherheit den Ältesten abgeholt haben. Angesichts solcher unmittelbarer Eindrücke sahen wir uns regelrecht gezwungen, uns dieser Menschen und ihrer Not anzunehmen. Das Landeskirchenamt beauftragte uns, diese Nachrichten im Jugendpfarramt zu sammeln. Spontan fanden sich Mitarbeiter ein, Studenten, Hausfrauen, die bereit waren, den Dienst hier von acht bis 24 Uhr zu übernehmen. Keiner von uns wußte, wie soetwas gemacht wird. Es wurden manchmal drei Gespräche gleichzeitig geführt, während einer pausenlos Telefondienst hatte und im Vorraum schon die nächsten warteten.
Die Gespräche, die hier mit den Betroffenen geführt wurden, sind Gespräche mit Menschen in einer extremen Belastungssituation gewesen. Wir haben sehr schnell gemerkt, daß wir damit überfordert sind. Vikare aus dem Lückendorfer Predigerseminar kamen später hinzu, um uns beizustehen.
Das wesentliche der meisten Gespräche liegt darin, die Betroffenheit aufzufan-

gen, das Erschrecken anzuhören. Das ging nur, indem wir unermüdlich zugehört haben. Viele haben mitansehen müssen, wie ihre Angehörigen oder Freunde, obwohl sie ihre friedvolle Absicht mit ihren ausgestreckten leeren Händen und gesenkten Köpfen demonstrierten, geprügelt und auf LKWs verladen worden waren und seither verschwunden sind. Das waren häufig Leute, die gleich am Anfang des Gespräches sagten, wir haben mit Kirche nichts zu tun, wir wollen aber wissen, was wir jetzt tun können. Wir wenden uns in der Hoffnung an Sie, daß Sie uns jetzt weiterhelfen können. Es sind ja auch Leute in die Vorgänge verwickelt worden, die überhaupt nichts damit zu tun hatten. Zum Beispiel verließ ein älteres Ehepaar am Freitagabend (6.10 – E. B.) das Restaurant ›Passant‹, um in Richtung Rundkino nach Hause zu gehen. Die Frau verknackste sich den Fuß, und sie setzten sich auf eine Bank. Indem die Frau sich nach ihrem Fuß bückte, kommt ein Polizist und schlägt auf sie mit dem Gummiknüppel ein. Der Mann versucht spontan, seine Frau zu schützen und stellt sich vor den Polizisten auf. Daraufhin wird er festgenommen, bekommt Schläge und wird zum LKW gezerrt ...

Vielen Angehörigen gelang es, einen Rechtsanwalt zu bekommen. Diese Rechtsanwälte haben phantastische Arbeit geleistet. Denn sie waren in diesen Tagen enorm überlaufen. Daß viele der unschuldig Inhaftierten erst nach dem Schnellverfahren Kontakt mit Angehörigen und Rechtsanwälten aufnehmen konnten, hat zusätzlich belastet. Das Urteil basierte bei den meisten auf § 217 des StGB: ›Zusammenrottung‹ und bewegte sich zwischen zwei und sieben Monaten Haft. Da nach Auskunft der Justizorgane ›kein gesellschaftliches Interesse an der Bestrafung‹ der nur nach § 217 Verklagten bestehe, wurden sie inzwischen wieder freigelassen. Daraus ergeben sich einige Fragen. Z.B. haben viele keinen Entlassungsschein bekommen oder eine Bestätigung ihrer Unschuld. Es gibt in den Betrieben eine große Unsicherheit, wie mit den Fehltagen umzugehen ist. Manche Betriebe wollen das als unbezahlten Urlaub – Urlaub im Knast! – anrechnen ...

Bei uns sind jetzt ca. 390 Meldungen von Vermißten, Zugeführten und Verhafteten und weit über 100 Gedächtnisprotokolle aufgenommen worden. (Bis Frühjahr 1990 liegen ca. 350 Gedächtnisprotokolle vor – E. B.)

Wir fühlen uns verpflichtet mitzuhelfen, daß alle Vorkommnisse aufgeklärt werden. Die Verantwortlichen müssen zur Rechenschaft gezogen werden. Keiner unserer Gesprächspartner hat uns seinen Bericht gegeben, um in irgend einer Form Rache zu üben. Sie begründeten ihre Aussagen damit, daß sie mithelfen wollen, damit Derartiges nicht wieder passieren kann. Wir hoffen sehr, daß im Rahmen der von der CDU angeregten Untersuchungskommission alles unvoreingenommen geprüft werden wird.

Ich selber habe mit jungen Bereitschaftspolizisten gesprochen, die in der Ab-

sperrkette an der Prager Straße standen und die sich hätten nie träumen lassen, daß sie bei der Ableistung ihres Grundwehrdienstes einmal in eine solche Situation kommen würden. Wir beraten die jungen Leute ja schon lange in der Richtung, daß wir sie auffordern, ihre Entscheidung in Sachen Wehrdienst verantwortlich zu fällen und die möglichen Folgen dieser Entscheidung zu bedenken. Wir schickten den Jungen Gemeinden den Brief eines Bereitschaftspolizisten an seinen Seelsorger, ein junger Wehrpflichtiger, der in diesen Tagen hier mit eingesetzt war und dem seine Erlebnisse schwer zu schaffen machen.«
(Gekürzt aus DIE UNION, 21./22.10.1989, S. 2. Der Brief des Bereitschaftspolizisten wird auf Seite 76 zitiert – E. B.)

Einer der am 5. Oktober Festgenommenen ist Detleff Kirchner.
Nach seiner Entlassung erstattet er Anzeige.

Detleff Kirchner

Staatsanwalt des Bezirkes Dresden
Genosse Roch

Anzeige

zur Inhaftierung Kirchner, Detleff, geb. 25.06.59,
vom 05.10. bis 13.10.89

Hiermit erstatte ich Anzeige wegen folgenden Sachverhaltes:

Am 05.10.89 wurde ich, Detleff Kirchner, auf dem Dresdner Hauptbahnhof festgenommen. Als Grund meiner Verhaftung wurde angegeben, ich habe an einer Zusammenrottung teilgenommen. Das entsprach aber nicht dem wahren Sachverhalt, da z. Z. meines Aufenthaltes auf dem Bahnhof weder eine Menschenmenge, noch irgendwelche gewalttätigen Ausschreitungen stattgefunden haben. Ich wurde grundlos von zivilen Personen festgenommen. Ich nahm zunächst an, einer Verwechslung zum Opfer gefallen zu sein. Da ich weder von der Transportpolizei noch von anderen staatlichen Stellen gefragt wurde, warum und wieso ich mich auf dem Bahnhofsgelände aufgehalten habe, möchte ich folgende Erklärung abgeben:
Ich kann nicht verstehen, wie man bei uns in der DDR, wo von Menschlichkeit und Menschenrechten gesprochen wird, so mit Menschen umgehen kann.
Ich selbst war vom 05.10. bis 13.10.89 in Gewahrsam unserer Sicherheitsorgane. Was dabei geschehen ist, möchte ich hiermit darlegen. Lieber hätte ich es nicht erlebt.

Als ich am 05.10.89 gegen 20.00 Uhr auf dem Dresdner Hauptbahnhof verhaftet wurde, bin ich in den Räumen der Transportpolizei sofort an die Wand gestellt worden. Von 20.05 Uhr bis gegen 1.30 Uhr (6.10.) mußte ich mit gespreizten Beinen und erhobenen Händen an dieser Wand stehen. Jede Bewegung, ob aus Schmerz oder menschlichem Regen wurde mit Schlägen eines Gummiknüppels beantwortet. Wir wurden aber nicht nur geschlagen und getreten, sondern auch beschimpft. Man hat mir die Armbanduhr abgenommen und sofort auf die Handgelenke geschlagen und dies nicht nur einmal.

Gegen 1.30 Uhr (6.10.) wurden wir auf die Bereitschaftspolizei-Dienststelle Dr.-Kurt-Fischer-Allee gebracht, wo ich gemeinsam mit anderen Festgenommenen noch bis ca. 8.30 Uhr in einer Garage stehen mußte. Es war kalt und grausam, da die Glieder schon schmerzten und man sich nicht bewegen durfte, wenn man nicht schon wieder geschlagen werden wollte. Ein vierzehnjähriger junger Mann (wie wir später von ihm erfuhren) meldete sich, daß man bitte seine Eltern informieren möchte und wies darauf hin, daß er nierenkrank sei, Medikamente einnehmen müsse. Daraufhin wurde er geschlagen und weggeführt. Ein anderer Festgenommener fragte, mit welchem Recht er so lange stehen müsse? Die Antwort: »Rauskommen!« Und dann gab es wieder Schläge und Stehen an der Wand mit erhobenen Händen und gespreizten Beinen. Die Wachleute haben sich darüber noch GEFREUT! Sind das noch Menschen?

Nach ca. 8.30 Uhr wurden wir in den Kinosaal der 8. VP-Bereitschaft gebracht, wo uns eine Sitzpause gegönnt wurde. Danach bis ca. 17.00 Uhr Stehen! Dies habe ich alles nicht so tragisch genommen, da ich immer noch der Annahme war, es wird sich schon aufklären. Als ich aber von der Kriminalpolizei vernommen und danach nicht freigelassen, sondern in einen Raum geführt wurde, wo sich wahrscheinlich Offiziersschüler in ihrer Freizeit aufhalten, wußte ich, daß es nicht mehr nach Hause geht. In diesem besagten Raum wurden wir nicht nur festgehalten, sondern auch körperlich und seelisch gequält. Es waren fast nur Berufsunterführer und Unterführer. Wir durften nicht reden, uns nicht setzen und keine Fragen stellen. Von Essen und auch Trinken nicht zu reden.

Ich möchte betonen, daß sich die Angehörigen der VP in grüner Uniform noch relativ normal verhalten haben. Anders die Wächter – entweder Trapo- oder Strafvollzugsangehörige: sie schlugen, wenn wir müde wurden, Durst hatten oder auf die Toilette mußten. Wenn man gehen durfte, wurde man gestoßen, so daß man hinfiel, Waschen der Hände war untersagt. Sobald einem die Augen zufielen – nach zwei Tagen und einer Nacht ohne Schlaf wohl verständlich –, wurde man hinausgerufen, um sich an die Wand zu stellen – unter Schlägen. Wenn einem das zuviel wurde und man nicht mehr konnte, wurde von den Aufsehern verlangt, daß man sich mit den Knien auf die eigenen Handrücken kniete, bis die Hände geschwollen waren.

VP-Kette vor dem Hauptbahnhof. 5. Oktober

VP im Vormarsch. Rauchbombeneinsatz. 5. Oktober

Molotow-Cocktail explodiert. 5. Oktober

Ein Beispiel nur: ein Festgenommener fragte, ob er etwas zu trinken bekommen dürfte. Die Antwort: es wäre nichts da. Die Wächter selbst tranken vor unseren Augen. Später stellte man uns ihren Kübel in den Raum – er war noch 1/4 voll für ungefähr 50 Personen. Ein Wächter fragte, wer wohl noch Durst habe. Darauf antwortete ein Festgenommener: alle haben Durst. Er wurde hinausgeführt und geschlagen, bis er weinend und mit Schmerzen wieder in den Raum kam, wo wir anderen waren. Er hat sich bemüht, diese Schmerzen zu verbergen, um nicht wieder aus dem Raum geholt zu werden.

Diese »Maßnahmen« dauerten bis ca. 0.30 Uhr (7.10.). Dann kamen wir auf einen LKW und wurden nach Bautzen gefahren. In der Strafvollzugsanstalt Bautzen wurden wir zwar nicht geschlagen, aber dafür kampierten wir die erste Nacht auf Matratzen zu ebener Erde. Nach 4 Tagen erst bekamen wir Bett- und Unterwäsche, um uns von den schmutzigen Sachen endlich zu befreien.

Am 5. Tag in Bautzen (Donnerstag, den 12.10.) durften wir uns nach fast 8 Tagen Gewahrsam erstmalig duschen und rasieren. Waschmöglichkeiten hatten vorher bestanden – kaltes Wasser im Verwahrraum –, aber Seife usw. gab es erst am 2. Tag.

Bis zu meiner Freilassung am 13.10. wurde mir außer den diffusen Formulierungen des Haftbefehls nichts gesagt, warum ich festgenommen sei. Ich hatte keine Möglichkeit, eine Haftbeschwerde zu schreiben oder einzureichen. Nach dem Erhalt des Haftbefehles wurden uns Stift und Papier vorenthalten. Ein Brief, den ich meiner Frau unter Schwierigkeiten geschrieben habe (am 11.10.) ist bis heute, den 18.10., noch nicht angekommen.

Im Strafvollzug Bautzen I wurde ich nicht geschlagen, auch nicht beim Verhör. Es war aber seelisch grausam durch die Verlegungen in immer wieder andere Verwahrräume, in denen das Licht immer Tag und Nacht brannte.

Ich bin enttäuscht und klage diese Behandlung von Menschen an. Mir ist auch bis heute unklar, wieso ich mich nach meiner Haftentlassung beim Rat der Stadt, Abteilung Inneres, Bereich *Wiedereingliederung* melden mußte. Dazu möchte ich von Ihnen eine eindeutige Erklärung, denn ich wurde unschuldig aus der Haftanstalt entlassen.

Besonders Ehepartner, Verwandte und Freunde sind mitbetroffen von den Inhaftierungen, viele von ihnen versuchen zu helfen. Ilona Kirchner, Ehefrau:

Staatsanwalt des Bezirkes Dresden

Beschwerde zur Inhaftierung meines Mannes Kirchner, Detleff, geb. 25.06.59, vom 05.10. bis 13.10.89

Am 11.10. legte ich bei Ihnen Beschwerde ein über die Verhaftung meines Mannes.

Nachdem er am 05.10. gegen 20.00 Uhr am Hbf. verhaftet wurde, wie mir ein Zeuge berichtete, rief ich am Morgen (06.10.) zuerst bei der U-Haft an, die mich dann an den K-Dienst verwies.

Nach Anfrage, wo mein Mann sei, sagte man mir, daß sie das auch nicht wüßten. Ich teilte Ihnen dann mit, daß mein Mann keinen Personalausweis bei sich trüge (er lag im Auto) und ich ihn gern vorbeibringen würde, da er sich schließlich ausweisen müsse. Die Antwort vom K-Dienst lautete: da wüßten sie sich schon zu helfen und in 48 Stunden würde ich vom Staatsanwalt Bescheid bekommen.

Nach vergeblichem Warten (3 Tage) begab ich mich am Montag (09.10.) zum Staatsanwalt der Stadt Dresden (Zi. 311), um Auskunft über den Verbleib meines Mannes zu erbitten und was gegen ihn als Grund seiner Verhaftung vorliegt. Zu meiner Freude bekam ich nach Nachforschung des Staatsanwaltes zur Antwort: mein Mann wird *noch heute* (09.10.) entlassen.

Leider hielt die Freude nicht sehr lange an, denn wieder, nach vergeblichem Warten bis in die Nacht hinein, mußte ich am nächsten Morgen (10.10.) den Weg zum Staatsanwalt der Stadt Dresden antreten. Dieses Mal schickte man mich ins Zimmer 344, am Vortag war es das Zimmer 311. Mit Namen stellten sich die Staatsanwälte nicht vor.

Am 10.10. erhielt ich morgens die gleiche Antwort wie am Vortag, daß mein Mann am 09.10. aus der Haft entlassen wurde. Daraufhin sagte ich ihnen, daß das nicht sein könnte, denn mein Mann ist zu Hause nicht erschienen. Die Staatsanwältin sagte mir, daß sie das noch einmal prüfen würde und ich sollte am Nachmittag wiederkommen.

In der Zwischenzeit sprach ich beim Rechtsanwalt, Herrn R. Maiwald, auf der Wiener Str. vor, um Rechtsbeistand für meinen Mann zu erbitten. Er erklärte sich bereit, diesen Fall zu übernehmen und gab mir gleich ein Schreiben an den Staatsanwalt der Stadt Dresden mit, in dem auch eine Nachricht zur Weiterleitung an meinen Mann lag, damit er weiß, daß ich einen Rechtsanwalt aufgesucht habe, der ihn vertritt.

Am Nachmittag erhielt ich vom Staatsanwalt der Stadt Dresden die gleiche Antwort wie morgens und am Vortag, daß mein Mann am 09.10. entlassen wurde. Ich gab darauf zu verstehen, daß das nicht sein kann, denn mein Mann würde auf jeden Fall sofort zu uns – wir haben zwei Kinder von 5 und 8 Jahren – nach Hause kommen. Daraufhin gab man mir die Antwort, daß ich, wenn mein Mann bis zum nächsten Tag nicht da sein sollte, nur noch eine Vermißtenanzeige aufgeben könnte.

Am 11.10. begab ich mich, nachdem mir dreimal fälschlich gesagt wurde, daß mein Mann am 09.10. entlassen sei, erneut zum Staatsanwalt der Stadt Dresden, um nun eine Vermißtenanzeige aufzugeben.

Man schrieb, wie auch an den beiden vorangegangenen Tagen, alle Personalien auf und schickte mich wie auch an den Vortagen wieder hinaus, um sich zu erkundigen. Nach einer ganzen Weile erhielt ich dann von der Staatsanwältin (Zi. 311) zur Antwort, mein Mann wäre inhaftiert, angeblich wegen Zusammenrottung und wäre in der Untersuchungs-Haftanstalt, Außenstelle Bautzen. Auf meine Frage, warum mich die Staatsanwälte der Stadt Dresden zwei Tage in dem Glauben gelassen hatten, mein Mann wäre entlassen und woher sie diese Information erhalten hätten, bekam ich zur Antwort, darüber brauche man keine Aussage zu treffen.

Niedergeschlagen und seelisch schockiert verließ ich das Gericht. Mir blieb nur eine Hoffnung: der Rechtsanwalt. Ich war fest von der Unschuld meines Mannes überzeugt. Er hatte nicht an einer Zusammenrottung teilgenommen! Es gab einen Zeugen; ein uns befreundeter Bekannter von außerhalb war mit meinem Mann an diesem Abend zum Hauptbahnhof gefahren, um sich zeigen zu lassen, was Randalierer dort angerichtet haben sollten. Zwei Personen können keine Zusammenrottung bilden.

Schlimme Stunden folgten für mich, aber auch für unsere Kinder. Was sagt man Kindern von 5 und 8 Jahren, wenn ihr Vater so lange nicht nach Hause kommt?

Am Mittwoch (11.10.) wurde mir u. a. auch mitgeteilt, daß ich meinem Mann schreiben und um Besuchserlaubnis bei der U-Haftanstalt auf der Schießgasse bitten könne, was ich auch tat.

Weder meinen Brief, den ich als Einschreiben schickte, noch die Mitteilung meines Rechtsanwaltes überreichte man meinem Mann in Bautzen. Meinem Mann war es nicht möglich, sich selbst um einen Rechtsanwalt zu bemühen.

Ich bitte Sie, diesen Vorfall zu prüfen und mir eine Erklärung für das Verhalten der Staatsanwälte der Stadt Dresden (Zimmer 311 und 344) und Kriminalpolizei zu geben.

Detlev Nowatschin (28), Buchhändler:

»...Am Donnerstag, dem 5. Oktober 1989, gegen 23.00 Uhr wurde ich durch die Volkspolizei des VPKA Dresden zugeführt. Wie sich später abschließend herausstellte, aufgrund eines Irrtums; ich war, und darum ging es ja in den letzten Tagen, an den Krawallen im Umkreis des Dresdner Hauptbahnhofes und auf der Prager Straße unbeteiligt, zumal ich vor dem Kulturpalast zugeführt wurde. Mit mir kamen viele andere unbeteiligte Personen in eine Situation, die ich nachfolgend schildern will, weil in diesen 48 Stunden, die bis zur Freilassung folgten, Dinge zu sehen und zu hören waren, die mir nicht gestatten, darüber zu schweigen.

Doch zunächst ein deutliches Wort: Klar ist, daß die Volkspolizei zum Schutz der Bürger da ist. Klar ist auch, daß es am Hauptbahnhof auf der Prager Straße ernste Ausschreitungen gegeben hat, eben auch gegen die Polizei. Daraus folgt mit ebensolcher klarer Konsequenz, daß die Polizei eingreift und auch, selbst dies wird man, auch als Betroffener, verstehen können, dabei im Moment nicht unterscheidet, wer was getan oder nicht getan hat und somit eine nicht geringe Zahl Unbeteiligter zuführt. Dies alles ist aufgrund der entstandenen Notsituation nötig und möglich. Ernstes Befremden löste jedoch, nicht nur bei mir, dann die Behandlung der Zugeführten in den Räumen der Kasernen der Bereitschaftspolizei Dresden, Dr.-Kurt-Fischer-Allee, aus. Dorthin wurden wir zunächst gebracht und mit Hunden und mehreren Schlagstöcken empfangen. Wir wurden angebrüllt, mußten einzeln, mit den Händen im Nacken, den LKW verlassen, wurden an die Wand geprügelt, dort zunächst, mit dem Kopf an der Wand, die Hände im Nacken, die Beine gespreizt und der Körper in Schräglage zur Wand hin, stehen gelassen. Auf Einwände, daß man doch nichts getan habe, folgten Beschimpfungen und wieder Prügel. Danach ging es im Laufschritt, Hände im Genick, eine Treppe hinauf in einen Flur, die gleiche Prozedur wie eingangs folgte, Durchsuchung, ich verlor dabei einen Talisman. Noch auf dem LKW sitzend, mußte ich hören: ›Das sind alles Rädelsführer, die gucken wir uns mal'n bißchen genauer an‹ – ›Das wär' nicht der erste, dem ich den Schädel aufklatsche, und ooch nicht der letzte!‹ – Kein Kommentar.

Nach der Durchsuchung führte man uns in einen Kinosaal, wo sich bereits etwa 70–80 Personen befanden: sitzend auf Stühlen, die Hände im Nacken. In dieser Stellung mußten wir die Nacht verbringen. Wer sich meldete, um etwas zu fragen, mußte damit rechnen, auf den Flur geholt zu werden und dort stundenlang zu stehen. Einige Personen haben von Anfang an die Nacht im Freien stehend verbringen müssen. Diese herabwürdigende Behandlung gipfelte in der Bemerkung eines Polizisten: ›Nanu, Inder haben wir jetzt wohl ooch schon?!‹ – beim Anblick eines etwa 16jährigen Jungen, der mit einem Kopfverband im kalten Flur sitzen mußte. – Kein Kommentar.

Ich habe gesehen und gehört, wie im Laufe der folgenden Stunden immer wieder Leute auf den Flur bzw. auf die Gänge geholt und dort mißhandelt wurden. Ein Mann hatte ein völlig zerschlagenes Gesicht, mehrere mußten den Verlust ihrer Brillen hinnehmen. Ein sehr großer, etwas abenteuerlich aussehender, aber völlig harmloser Bursche wurde von den Polizisten immer wieder ›bevorzugt‹ behandelt, bis auch er grün und blau im Gesicht und möglicherweise auch an anderen Körperstellen war. Ich selbst bin mit einigen blauen Flecken am

Rücken und den Oberarmen davongekommen, wohl nicht zuletzt dank der Tatsache, daß ich zwei Pullover unter der Jacke trug, sonst hätte es gewiß auch schlimmer ausgehen können, abgesehen davon, daß auch ich Brillenträger bin.

Alle Fragen nach einem verantwortlichen Offizier, dem man das Mißverständnis hätte erklären können, blieben unbeantwortet. Statt dessen gab es Hinweise wie: ›Wären Sie doch zu Hause geblieben‹ oder ›Was treiben Sie sich auch nachts auf der Straße 'rum?!‹ – Ich selbst z. B. kam mit meiner Freundin von einer Geburtstagsfeier und war auf dem Heimweg. Seit 13 Jahren Fotoamateur, hatte ich zufällig eine neue Kamera mit, um sie auszuprobieren.

Nach der für alle mit unterschiedlichen Konsequenzen ausgegangenen Nacht (unter anderem befanden sich in den Reihen der zugeführten Personen ein junger Mann mit akuten Kreislaufbeschwerden sowie ein Invalidenrentner und mehrere Personen, die einen Arzt verlangten) gab es dann am Freitagvormittag die erste Verpflegung: eine Bockwurst für den, der 1,– Mark dafür bezahlen konnte; wer kein Geld hatte, bekam Suppe. Wer Pech hatte und nicht früh genug drankam, hatte nichts. Dann begannen die ersten Vernehmungen, wobei wiederum die betreffenden Personen im Laufschritt durch die Gänge gejagt und geprügelt wurden, Treppen hinauf, Treppen hinunter. Nach den Vernehmungen wurden wir in den Besucherräumen der Kaserne zusammengepfercht, wer einschlief, wurde hochgerissen und ›muntergemacht‹: stehen mit Blick zur Wand, je nach Laune des Peinigers mit Händen im Nacken oder auf dem Rücken. Zitat: ›Was, Sie lachen? Dann haben Sie noch Reserven! Gesicht zur Wand!‹. Zitat: ›Sind Sie müde?‹ – Wer hierauf mit ja geantwortet hätte, wäre Gefahr gelaufen, ›muntergemacht‹ zu werden, siehe oben.

Ich selbst mußte, nachdem ich das Bedürfnis äußerte, die Toilette aufzusuchen, dies im Laufschritt, Hände im Nacken, tun, wurde aufgefordert, mich gefälligst zu beeilen und anschließend im Vorraum der Toilette mit dem Gesicht zur Wand, Hände im Genick, in einer Ecke stehengelassen. Auf meinen Hinweis, daß ich nichts getan hätte, folgte der Brüller: ›Halten Sie'n Mund, bleibense stehn!‹ – Eine weitere ›Maßnahme‹ war, den Betroffenen auf seinen eigenen Handrücken knien zu lassen. Was dies bedeutet, kann man ja mal eine Stunde zu Hause ›ausprobieren‹.

Am späten Abend des Freitag wurden wir, zu je einem Paar mit Handschellen aneinandergefesselt, mit Gefängnistransportern zur Strafvollzugsanstalt Bautzen I gebracht. Dort wurden wir in einem Verwahrraum untergebracht, insgesamt 28 Leute, zwei Toiletten. Andere Zeugen berichten mir von 40 Personen und mehr in anderen Verwahrräumen; es wurden Betten zum Schluß dreistöckig übereinandergestellt. Nach erneuten Vernehmungen begannen dann die ersten Entlassungen der nachweisbar unbeteiligten Personen. In dieser Zeit, in

Bautzen, war es nicht möglich, einen Arzt zu sprechen, erst am Abend des Samstag kam ein Mann im weißen Kittel und notierte sich die Anliegen der Betroffenen. Ich selbst habe ihn nicht wieder gesehen (ich hatte nach einem Beruhigungsmittel verlangt), gegen 23.00 Uhr erhielt ich die Aufforderung zum Abgang. –

Ich stelle also summierend fest: Zugeführte Personen wurden in den Räumen der Kaserne der Bereitschaftspolizei Dresden, Dr.-Kurt-Fischer-Allee, nachdem sie bereits in Gewahrsam genommen worden waren, sich darüber geäußert hatten, daß sie unbeteiligt seien, keinen Widerstand gegen die polizeilichen Maßnahmen geleistet hatten, sich ruhig und diszipliniert verhielten, insgesamt also wehrlos waren, vorsätzlich mit unterschiedlicher Intensität, um nicht zu sagen Brutalität, körperlich und seelisch mißhandelt. Ich stelle die Frage, ob ein entsprechender Einsatzbefehl in einer Notsituation schon ein Freibrief ist für, wie ich finde, fragwürdige Personen in den Reihen der bewaffneten Organe, zur körperlichen und seelischen Mißhandlung von Wehrlosen und Unschuldigen. Ich selbst habe drei Jahre beim Wachregiment ›Feliks Dzierzynski‹ in Berlin Dienst geleistet und muß sagen, daß uns dort Methoden, wie ich sie in den Stunden der Tage vom 5.10.–6.10.89 persönlich erleben und erleiden mußte, weder beigebracht wurden noch von uns in Anwendung gebracht worden sind. Ich wiederhole: es wurde mit Gewalt (wohlgemerkt: nicht auf der Straße, sondern in geschlossenen Räumen!) gegen uns vorgegangen; es erfolgte systematische Behinderung beim Schlafen; es war nicht möglich, einen verantwortlichen Offizier zu sprechen; es erfolgten verschiedenste ›Methoden‹ zur körperlichen Mißhandlung: stehen im Freien, knien auf eigenen Handrücken, in Schräglage mit Kopf an der Wand, Hände im Genick, Beine gespreizt; sitzen mit Händen im Genick, alles über mehrere Stunden hinweg! Die Verhöhnung der Betroffenen nimmt sich dagegen noch relativ harmlos aus.

Zitat: ›Der sozialistische Staat garantiert allen Bürgern ... das Recht auf ... Schutz der Gesundheit,...‹

Zitat: ›Achtung und Schutz der Würde und Freiheit der Persönlichkeit sind Gebot für alle staatlichen Organe, alle gesellschaftlichen Kräfte und jeden Bürger.‹

Zitat: ›Alle, die in der sozialistischen Gesellschaft Verantwortung tragen, sind zur Achtung gegenüber allen Bürgern, zu aufmerksamem und rücksichtsvollem, zu feinfühligem und höflichem Verhalten verpflichtet.‹

(Verfassung der DDR, Artikel 19 bzw. Kleines Politisches Wörterbuch, Dietz Verlag Berlin, 1978).

Was ist »unterm Strich« durch derlei staatliche Maßnahmen herausgekommen: bei sehr vielen, zumeist noch sehr jungen Menschen Nervenzusammenbrüche,

Angst, Abschluß mit dem bisherigen Leben in Erwartung einer Freiheitsstrafe; völliges Unverständnis darüber, wie man einen Unschuldigen verhaften und zu Haftstrafen verurteilen kann. Es kommt zu einer großen Öffentlichkeitswirkung, da ja, wie schon erwähnt, Familien, Arbeitskollektive und Freundeskreise davon erfahren. Wer nicht total am Ende ist und Angst hat, wird sich gewiß öffentlich dazu noch äußern, was ich persönlich sehr stark hoffe.«
(Aus einem Bericht, Oktober 1989)

Christoph Kuhn

demonstrationen

1 auch AUGUST würde es grausen
wie allen herrschern
vor den herbstlichen heeren
mit kerzen WIR SIND DAS VOLK
von brücke zu brücke

2 in der trübnis des stroms
die flaschenpost unbeachtet am
ufer der buschfunk schweigt
nicht vorgehalten die hand
offen der mund

3 engel dieser weihnacht treten
in scharen auf rufen
WIR SIND keine rowdys KEINE
GEWALT! ihre flügel transparente
erhebend erhebend

Vierter Tag 6. Oktober 1989

9.30 Uhr im Haus Schevenstraße auf dem Weißen Hirsch. »Politische Kunst aus der Sicht der Jüngeren« heißt das Thema heute. Am Nachmittag wird über »Multimedia«, Politik und das Ensemble der Künste gesprochen. Die Ereignisse der Vorabende bestimmen die Gesprächsrunden, in denen wir uns gedämpft äußern. Empörung und Ratlosigkeit vor allem der DDR-Künstler bestimmen die Gespräche. Die westlichen Professoren sind Schlagstockeinsätze von Polizisten nicht nur aus dem Fernsehen gewöhnt. Aber auch sie wissen, daß es jetzt um mehr geht als um eine Auseinandersetzung á la Hafenstraße.

Mitten in die Debatte platzt der Dresdner Schauspielregisseur Engel. Mensch, ihr theoretisiert hier herum. Wir müssen etwas unternehmen, Leute! Die Wortkaskade trifft nicht auf taube Ohren. Im Geiste der Resolution der Rockmusiker, die schon seit einigen Tagen auch in Dresden kreist, will das Schauspielensemble an die Zuschauer herantreten. Auch die Älteren, alle denkenden Menschen müssen mobilisiert werden. Das Zentrum für zeitgenössische Musik in Dresden will gleichfalls eine eigene Resolution ausarbeiten. Wir alle schließen uns mit Unterschriften an.

Erstmalig am Abend dieses 6. Oktober, am Vorabend des hochgejubelten »Republikgeburtstages«, auf den sich keiner freuen kann, liest der Dresdner Schauspieler Joachim Zschocke im Anschluß an die Abendvorstellung im Kleinen Haus den Aufruf der Mitglieder des Schauspielensembles vor.

Bereits 1830 und 1849 hatte das Dresdner Schauspielensemble eine maßgebliche Rolle in den revolutionären Ereignissen gespielt. Das wiederholt sich nun, und nicht von ungefähr. Wer alle Schattierungen des Lebens auf der Bühne verkörpert, kann nicht mehr weiterspielen, wenn das Leben in Gefahr gerät.

Der Text dieses Abends lautet:

> »Wir treten aus unseren Rollen heraus.
> Die Situation in unserem Land zwingt uns dazu.
> Ein Land, das seine Jugend nicht halten kann, gefährdet seine Zukunft.
> Eine Staatsführung, die mit ihrem Volk nicht spricht, ist unglaubwürdig.
> Eine Parteiführung, die ihre Prinzipien nicht mehr auf Brauchbarkeit untersucht, ist zum Untergang verurteilt.
> Ein Volk, das zur Sprachlosigkeit gezwungen wurde, fängt an, gewalttätig zu werden.

VIERTER TAG

> Die Wahrheit muß an den Tag.
> Unsere Arbeit steckt in diesem Land. Wir lassen uns das Land nicht kaputt machen.
>
> Wir nutzen unsere Tribüne, um zu fordern:
> 1. Wir haben ein Recht auf Information.
> 2. Wir haben ein Recht auf Dialog.
> 3. Wir haben ein Recht auf selbständiges Denken und auf Kreativität.
> 4. Wir haben ein Recht auf Pluralismus im Denken.
> 5. Wir haben ein Recht auf Widerspruch.
> 6. Wir haben ein Recht auf Reisefreiheit.
> 7. Wir haben ein Recht, unsere staatlichen Leitungen zu überprüfen.
> 8. Wir haben ein Recht, neu zu denken.
> 9. Wir haben ein Recht, uns einzumischen.
>
> Wir nutzen unsere Tribüne, und unsere Pflichten zu benennen:
> 1. Wir haben die Pflicht, zu verlangen, daß Lüge und Schönfärberei aus unseren Medien verschwinden.
> 2. Wir haben die Pflicht, Dialog zwischen Volk und Partei- und Staatsführung zu erzwingen.
> 3. Wir haben die Pflicht, von unserem Staatsapparat und von uns zu verlangen, den Dialog gewaltlos zu führen.
> 4. Wir haben die Pflicht, das Wort Sozialismus so zu definieren, daß dieser Begriff wieder ein annehmbares Lebensideal für unser Volk wird.
> 5. Wir haben die Pflicht, von unserer Staats- und Parteiführung zu verlangen, das Vertrauen zur Bevölkerung wiederherzustellen.«

Auch in den Reihen der Polizisten finden Nachdenken und Einkehr statt. Thomas Glöß, ein junger Christ, der in der Bereitschaftspolizei Dienst tut, schreibt an seinen Seelsorger.
Der Brief lautet:

> »Aufgrund der Ereignisse der vergangenen Tage hier in Dresden möchte ich Dir schreiben. Ich stehe ja nun wegen meiner Inkonsequenz vor der Einberufung als Christ auf der anderen Seite. Glaube mir, daß sich die Sache so entwickelt, wollte niemand von uns Wehrpflichtigen. Wir sind nun leider die, die den Kopf hinhalten müssen. Für uns gibt es nur zwei Möglichkeiten, entweder die Befehle ausführen, oder für lange, für sehr lange Zeit nach Schwedt ins Militärgefängnis zu gehen. Am Mittwoch und am Donnerstag (4. und 5.10. – E. B.) war die Situation noch eine ganz andere. Dort standen uns Leute gegenüber, die die Polizei mit Steinen, Brandflaschen und Säureflaschen bewarfen. Unser Zug war

mit dabei, als der Hauptbahnhof belagert wurde, und am Donnerstag auf der Prager Straße. Man holte uns erst relativ spät und stellte uns zuerst dorthin, wo es am gefährlichsten war. Wir hatten nichts als Angst. Auf unsere Schilde prasselten Steine, vor uns schlugen Brand- und Säureflaschen auf den Asphalt. Zwei Mann von uns kippten um. Steine hatten ihre Visiere durchschlagen.

Danach wurden wir aus der ersten Reihe herausgenommen und mußten unsere Schilde ablegen. Dann wurden wir zu Fünfergruppen aufgeteilt und in die Massen hineingejagt. Unsere Offiziere, die Schutzpolizei und die Stasi blieben in sicherem Abstand hinter der Sperrkette. In diesen Minuten hatte ich das erste und bis jetzt einzige Mal in meinem Leben das Gefühl von Todesangst. Vor uns die wütenden Menschenmassen und hinter uns die Offiziere samt Stasi und in der Kaserne der Militärstaatsanwalt. Das, was wir dort drinnen in der Menschenmenge angerichtet haben, taten wir aus Angst und einfach aus Überlebenswillen.

Was sich aber dann abspielte und auch schon seit dem 3./4. von bestimmten Gruppen der Schutz- und Sicherheitsleute praktiziert wurde, ist für jeden noch normal denkenden Menschen abstoßend und erschütternd. Es werden unbeteiligte Zuschauer und gewaltlos demonstrierende Menschen von Leuten des Strafvollzuges – es können keine Menschen mehr sein –, auch Frauen, Mädchen und ältere Menschen, genauso ›empfangen‹ wie die Leute, die mit Brandflaschen geworfen haben. Nicht nur bei mir schwindet im Angesicht solcher ›Aktionen‹ langsam die Angst vor dem Staatsanwalt. Das ist auch der Grund, warum ich Dir diesen Brief schreibe. Ich bitte Dich bloß um eins: Bete für mich und vergib mir, wenn Du kannst. Verlies diesen Brief bitte in der Jungen Gemeinde und zeige ihn jedem, der wissen möchte, wie es in uns Wehrpflichtigen aussieht, die zu solchen, eines sozialistischen Staates unwürdigen Aktionen gezwungen werden.«

Als ich abends am Hauptbahnhof stehe, fallen mir die Schutzmaskentaschen der Uniformierten auf. Tränengas oder noch Schlimmeres? Einige der Einsatzkräfte scheinen außer Rand und Band. War der Enthemmungsschluck Wodka ausgegeben worden? Glasige Augen deuten es an. Als mich die Armisten bemerken, beeile ich mich davonzukommen.

Ronald Gönnert, Lehrling (17), Bericht über seine Inhaftierung vom 6.10. bis 13.10.89:

»Am 6.10. fuhr ich mit meinem Freund, Dirk H., nach Dresden, bis Dresden-Klotzsche mit dem Moped. Zurück wollten wir mit dem Zug fahren, da wir uns den Hauptbahnhof ansehen wollten. Wir hatten in der Berufsschule gehört, daß er am Vortag bei Zusammenstößen zerstört wurde. Wir fuhren also mit der Straßenbahn bis zum Altmarkt. Etwa 18.15 Uhr liefen wir über die Prager Straße. Polizei war nicht zu sehen, es war alles wie immer. Gegen 18.45 Uhr gingen wir zum Hauptbahnhof um zu sehen, wann ein Zug in Richtung Dresden-Klotzsche fährt, denn wir wollten ja noch in den Jugendklub nach Medingen. Wir betraten den Bahnhof am Eingang neben dem Kino. Außergewöhnliches war nicht zu merken, also ganz normaler Reiseverkehr. Als wir etwa 20 Meter im Bahnhof waren, wurden wir von einem Mann in Zivil (heller Anorak) in eine Seitentüre geschoben. Dort befand sich die Transportpolizei. Wir mußten uns gleich an die Wand stellen. Die Hände an die Wand, Beine zurück und auseinander. Wir wurden durchsucht und gefragt, was wir auf dem Bahnhof wollen. Dann mußten wir noch über 3 Stunden so an der Wand stehen. Es wurden immer mehr Gefangene. Bei jeder Bewegung bekam ich Schläge mit dem Gummiknüppel. Wenn ich den Kopf zur Seite drehte, bekam ich Schläge auf den Kopf. Außerdem wurde ich auf die Beine, den Rücken und die Finger geschlagen. Heute noch, nach 2 Wochen, sind Flecken an den Beinen zu sehen. Durch das stundenlange Stehen spürte ich meine Finger nicht mehr. Ich konnte sie nicht mehr strecken und wurde deshalb auf die Finger geschlagen. Ich hörte viele stöhnen vor Schmerz.

Dann wurden wir abgeholt. Ich konnte noch schnell meine persönlichen Sachen (Geldbörse, Taschentuch, Beutel) vom Fußboden auflesen. Im Polizeigriff wurden wir abgeführt. Erst sollten wir auf einen LKW, dann wurden wir mit Knüppeln in einen Robur-Bus getrieben.

Auf der Dr.-Kurt-Fischer-Allee mußten wir erst in eine große Garage. Dort mußten wir unsere Namen sagen und uns mit gespreizten Beinen hinstellen. Jeder bekam einen Polizisten zugeteilt, der auf uns einschlug. Wieder wurde ich durchsucht. In Strümpfen, die Schuhe in der Hand, mußten wir im Regen zu dem Gebäude gehen, wo wir verhört wurden. Ich mußte mich ausziehen bis auf die Unterhose. Alles wurde wieder durchsucht. Wieder angezogen, mußte ich in ein Wartezimmer, wo schon viele Menschen waren. Viele waren verletzt. An der Wand war Blut. Zum Verhör wurde ich durch einen Gang getrieben. In einem Büro schmissen mich zwei Männer gegen einen Schrank, wo ich mit dem Kopf gegen die Tür stieß. Ich wurde weggezogen und nochmal gegen den Schrank geworfen. Dann nahm ein Mann die Kragenecken meiner Jacke über Kreuz und würgte mich. Er sagte: ›Sagen Sie das, was wir wissen wollen‹. Ich nickte und er ließ mich los. Er sagte, er würde in 15 Minuten wiederkommen und wenn ich dann nicht ausgesagt hätte, würde er mich totschlagen. Dann ging das Verhör los. Dabei mußte ich auf die Knie. Ich wurde gefragt, was ich auf der Prager Straße und dem Bahnhof wollte. Immer wenn ich kurz stockte, drohte der Mann mir mit: ›Gönnert, ich schlag dich tot.‹ Genauso sagte er es. Die Frage, ob ich denn keine Aufforderung der Organe gehört habe, daß das Gelände von Unbeteiligten zu räumen ist, konnte ich nur mit ›nein‹ beantworten. Ich hatte doch so etwas nicht gehört. Er sagte, er würde mich totschlagen, wenn ich nicht sage, daß ich es gehört habe. Als ich bei meiner Aussage blieb, ging er zur Tür, rief nach einem Knüppel und schlug mich damit auf den Rücken. Ich kniete immer noch. Vor Angst sagte ich dann, daß ich es einmal gehört hätte. Er schrieb das ins Protokoll und ich mußte unterschreiben.

Nun wurde ich abgeholt und mit einer Kette am rechten Arm, die immer fester gedreht wurde, in einen Duschraum geführt. Unterwegs bekam ich ein paar Schläge von umherstehenden Polizisten der Transportpolizei. Angekommen, mußte ich mich an die Wand stellen, Beine breit und Hände in den Nacken. Ich war der erste Gefangene dort. Die Polizisten hatten ihre Freude daran, mich zu schikanieren. Sie schlugen mich immer wieder auf die Waden. Es waren 6–8 Polizisten. Ich mußte die Beine so weit spreizen, daß es schon schmerzte und rutschte auf dem schmierigen Fußboden immer wieder weg. Sie drohten mir, wenn ich umkippe, würde ich zusammengeprügelt. Es kamen immer mehr Gefangene herein.

Über sechs Stunden mußten wir so stehen, wir wurden als ›Nazischweine‹ betitelt und es fielen Worte wie ›Jetzt machen wir Chile mit euch‹. Nach etwa 2 Stunden bekamen wir einen Becher Tee. Eine halbe Stunde mußte ich auch mit dem Kopf an der Wand stehen.

Etwa gegen 05.00 Uhr (meine Uhr war durch die Schläge kaputt) wurden wir geholt und mit Handschellen (immer 2 Mann zusammen) in einen LKW-Container verladen. Wir wußten nicht, wo es hingeht.

In Bautzen waren wir 61 Mann in einem Raum. Es gab 2 Toiletten und 4 Waschbecken. Die Toiletten waren nur mit einer ca. 1,5 m hohen Bretterwand abgeteilt. Die von den oberen Betten konnten immer zusehen. Es waren 3 Betten übereinander. Viele Gefangene waren verletzt, die Kleidung war blutig.

Am 08.10. wurde ich gegen Mittag einem Haftrichter vorgeführt. Er sagte mir, daß ein Haftbefehl gegen mich vorliegen würde. Den Inhalt von diesem bekam ich nicht zu erfahren. Ich sagte ihm, daß das Protokoll in Dresden erzwungen wurde. Er vermerkte es in seinen Unterlagen.

Es wurden Fotos von uns gemacht und auch ein Steckbrief oder so etwas. Für uns 60 Gefangene bekamen wir für 2 Stunden einen Stift und Zettel, um eine Haftbeschwerde zu schreiben. Auf die Frage nach einem Anwalt bekamen wir die Auskunft, daß wir uns gar nicht auf Recht und Gesetz berufen brauchen.

Am Donnerstag wurden wir wieder mit Handschellen nach Dresden gebracht.

Am Freitag früh (13.10.) konnten unsere Eltern uns auf der Schießgasse abholen.
Ich werde diese Tage nie vergessen und bitte um Untersuchung der Vorfälle.«
(Oktober 1989)

Mario Gädtke, Handelsmitarbeiter (30):

»Am Abend des 6.10. begab ich mich gegen 20.15 Uhr auf den Weg Richtung Hauptbahnhof. Ich war allein, befand mich in alkoholfreiem Zustand und hatte folgende Dinge bei mir: Personalausweis, Portemonnaie, Zigaretten, Streichhölzer, Haustürschlüssel, Taschentuch. Gegen 21.00 Uhr traf ich am Hauptbahnhof ein. Mein Ziel war, mich persönlich davon zu überzeugen, was an den Berichten meiner Kollegen und denen der Kunden unserer Verkaufseinrichtung der Wahrheit entspricht und was nicht. In der Nähe des Hauptbahnhofes und entlang der Prager Straße waren viele Tausende Menschen versammelt. Die Prager Straße und besonders das Terrain um das Rundkino waren durch Sicherheitskräfte abgeriegelt. Es waren mehrere Sperrzonen zu erkennen. Unmittelbar vor dem Rundkino war eine Hundestaffel postiert. Rowdyhafte Ausschreitungen konnte ich keine wahrnehmen. Soweit ich es überblicken konnte, setzten sich die Sicherheitskräfte aus Einheiten der kasernierten Volkspolizei, Transportpolizei sowie der NVA zusammen. Vor dem Rundkino, auf der Höhe des Geschäftes für Musikinstrumente, waren Sprechchöre zu hören: ›Wir bleiben hier‹, ›Ohne Gewalt‹. Ich begab mich dann weiter zurück, ungefähr auf Höhe des Blumengeschäftes Prager Straße. Denn dort hielten sich nicht allzu viele Bürger auf. Von dieser Stelle aus konnte man den Vorgang der Dinge trotz der vor uns stehenden Riegelkette noch relativ unbedrängt beobachten. Es muß etwa gegen 22.00 Uhr gewesen sein, als eine Personengruppe unter dem Schutz der Sicherheitskräfte das Rundkino verließ. Mehr war aus dieser Entfernung nicht auszumachen. Annähernd zu dieser Zeit begannen die Sicherheitskräfte auch weiter vorzurücken. Vor dem Exquisit-Bekleidungsgeschäft fotografierte ein Passant den Absperriegel. Daraufhin stürzten 2 Uniformierte auf ihn zu; der Passant unternahm einen Fluchtversuch, schien aber bald zu resignieren, so daß er gegriffen wurde. Sehr grob führte man ihn hinter den Sperriegel, der Fotoapparat wurde ihm entrissen. Dies alles geschah im Laufschritt. Die Sicherheitskräfte rückten weiter vor und räumten so die Prager Straße. Wer nicht schnell genug vor ihnen herlief wurde schonungslos einkassiert. Zu Beginn einer jeden Phase des weiteren Vorrückens schlugen die Uniformierten mit ihren Gummiknüppeln im Takt auf ihre Schutzschilde. Das steigerte sichtlich die Angst und das Entsetzen der Flüchtenden. So etwa gegen 22.30 Uhr (an diesem Punkt fällt mir eine zeitliche Einordnung schwer) formierten sich auf der Straße vor dem

Hauptbahnhof. Eingang. 5. Oktober

Hauptbahnhof, Höhe Busbahnhof, Armeeeinheiten. Sie henkelten sich fest in den Armen ein und verteilten sich auf die gesamte Straßenbreite. Hintereinander waren es ungefähr 10 bis 15 Reihen. Schnellen Schrittes und begleitet durch gemeinsames, lautstarkes ›Links, 2, 3, 4‹ begannen sie die Straße entlang zu marschieren, Richtung Zeitkino. Zu diesem Zeitpunkt befand sich jedoch nur ein geringer Teil der Bürger vor dem Hauptbahnhof, es war eher ein Zustand der relativen Ruhe an diesem Punkt zu verzeichnen, denn die Sprechchöre kamen aus Richtung Leningrader Straße. Trotzdem setzten diese Uniformierten ihren Marsch unbeirrt fort und räumten ohne erkennbare Notwendigkeit die Straße (einschließlich Kreuzung) vor dem Hauptbahnhof. Dahinter fuhr ein Armeefahrzeug des Typs ›Ural‹. Aus diesem kamen qualmende Gegenstände auf die Menschen geflogen. Ich sah anhand der Verpackung und merkte vor allem besonders schnell, daß es sich um Reizgas handelte. Ich konnte ca. 10 Minuten lang nicht mehr richtig sehen, die Augen brannten sehr, die Schleimhäute waren angegriffen! Das alles, obwohl ich mein Taschentuch sofort als Gesichtsschutz benutzte. In diesem Augenblick wurde mir bewußt, daß ich schon bei meinen Eintreffen an diesem Abend umgehängte Schutzmaskentaschen an den Uniformierten bemerkt hatte, diesem Fakt aber bis dahin keine größere Beachtung geschenkt hatte. Der Einsatz von Tränengas war also augenscheinlich schon vorher geplant worden. Dieser Auf- und Abmarsch wurde dann noch einmal wiederholt. Einige Zeit später rückten die Uniformierten von der Prager Straße her weiter vor. Dabei umzingelten sie auch die große Rasenfläche gegenüber dem Busbahnhof. Zu dieser Fläche begab ich mich nämlich zuvor, weil sich nur vereinzelt und sehr verstreut dort Bürger aufhielten. Des weiteren wurde mir berichtet, daß am Vorabend (05.10.) über Lautsprecher der Funkstreifenwagen unbeteiligte Bürger dorthin dirigiert worden sind. So war ich der Annahme, dort unbeschadet verweilen zu können, denn Aufrufe über Lautsprecher konnte ich an diesem Abend keine vernehmen. Doch sehr bald schon mußte ich feststellen, daß die Uniformierten, mit den Knüppeln auf ihre Schilde schlagend, immer weiter vordrangen. Dabei kamen sie nun auch aus Richtung Busbahnhof in breiter Front die Straße entlang, so daß es kein Entrinnen gab. Drei oder vier Jugendliche wollten sich seitwärts entfernen. Auf einen stürzte ein Uniformierter zu und rannte ihn zielgerichtet aus vollem Lauf brutal um. Anschließend schlug er auf den sich nicht wehrenden Bürger erbarmungslos mit dem Gummiknüppel ein. Ein weiterer Uniformierter eilte ihm zu Hilfe. Gemeinsam schleppten sie das Bündel nach hinten. Eine einzige Möglichkeit zur Flucht blieb offen: die Brückenunterführung Richtung Gagarin-Straße. Die eingeschlossenen Menschen flüchteten natürlich dorthin. Die Uniformierten folgten uns im Laufschritt. Am Ende der Unterführung verharrten sie, nahmen Aufstellung und bildeten wieder einen Sperriegel. Die Menschen verteilten sich auf der Rasenfläche des Friedrich-List-Platzes. Zwischen dem Eckgebäude und dem Hauptbahnhof (Einmündung Bayerische Straße) standen ebenfalls Bürger, aber nur sehr wenige, vielleicht 10 Personen. Zu ihnen gesellte ich mich. Dabei unterhielt ich mich mit zwei Ehepaaren, die seriös gekleidet waren und vom Alter her durchaus meine Eltern hätten sein können. Wir sahen, wie eine Gruppe Transportpolizisten (4 Mann und ein Anführer) vom Bahnhofseingang Bayerische Straße her uns entgegenkam. Doch sie passierten uns ohne Zwischenfall im Abstand von ca. 15 Metern und verschwanden hinter dem Sperriegel an der Brückenunterführung. Plötzlich öffnete sich dieser Riegel und ca. 5–6 grün Uniformierte stürzten in unsere Richtung. Wir stoben auseinander. Nach einigen Metern drehte ich mich um, der Überfall war vorbei. Ich begab mich wieder etwas zurück. Von den 4 Personen, mit denen ich mich unterhalten hatte, waren nur noch zwei anwesend. Beide berichteten sichtbar schockiert, daß ihre Ehepartner (eine Frau und ein Mann) jeweils hinter den Sperriegel gezerrt wurden. Einige Minuten später ging die Gruppe der 5 Transportpolizisten wieder an uns vorbei. Doch nach ca.10–15 Metern machten sie blitzartig kehrt und stürzten sich auf uns. Ich entkam über die Straße hinweg zum Friedrich-List-Platz auf der gegenüberliegenden Seite. Während des Laufens drehte ich mich spontan mehrmals um. Dabei sah ich, wie zwei Bürger erbarmungslos mit dem Gummiknüppel zu Boden gedroschen wurden. Irgendwo war das angsterfüllte Kreischen einer Frau zu hören. Auf dem Rasenplatz verschnaufte ich vorerst und begab mich dann etwa 100 Meter weiter weg. Der Sperriegel wurde inzwischen vergrößert und in Richtung Strehlener Straße ausgedehnt. Auf dem Friedrich-List-Platz waren nur noch sehr wenige Bürger zu sehen. Verstreut standen einzelne Personen umher. Vorn an der Kreuzung waren es ein paar mehr. An der Kreuzungseinmündung Strehlener Straße bildete sich plötzlich ein Kreis Uniformierter. Bürger wurden in dessen Mitte eingeschlossen. Dabei verdichtete sich der Kreis der Uniformierten so stark, daß nicht mehr zu erkennen war, was dahinter vorging. Ich konnte Schmerzensschreie vernehmen. Der bis dahin zwar zäh aber noch funktionierende Verkehr wurde so durch die Uniformierten blokkiert. Die Fahrzeuge, von der Strehlener Straße kommend, bogen nun in die Hochschulstraße ein. Sturmtrupps begannen, die letzten verstreut umherstehenden Bürger zu jagen, einzufangen, zusammenzuschlagen und in die Einkreisung zu schleppen. Ich vernahm wie jemand rief: ›Da ist noch einer!‹ Erst spät bemerkte ich, daß 3 Armisten auf mich zustürmten. Ich drehte mich um, sah um mich: keiner in der Nähe. Ich begriff – die jagten mich! Ich begann zu flüchten. Auf Grund meiner geistigen Schaltpause waren sie jedoch schneller heran, als ich weg war. Und so verhielt ich, hob die Arme und rief: ›Ich komme freiwillig mit, ich wehre mich nicht!‹. Zwei Uniformierte packten mich, einer nahm mich in den Schwitzkasten und drückte sehr fest zu. Der andere drehte meinen rechten Arm sehr schmerzhaft auf den Rücken. Dabei schlugen sie 4–5 mal auf meinen Rücken ein und brüllten: ›Halt deine dreckige Schnauze‹, ›noch ein Wort, und du sprichst Tage lang nicht mehr!‹. Sie schleppten mich in die Einkreisung. ›Nicht so zaghaft! Sonst helfe ich nach!‹ schrie ein Uniformierter. Ich wurde auf die Straße geworfen, ein Stiefeltritt in den Rücken half nach. Dort lagen schon andere Bürger, etwa 10 Personen. Jemand brüllte: ›Gesicht auf die Erde, Arme breit und nach vorn, Beine breit, Arsch runter!‹. Ein Uniformierter trat mir kräftig auf das Hinterteil und rief dabei: ›Weiter runter, flacher!‹. Ich konnte dann auf die Uhr sehen. Es war 0.25 Uhr. Die Kälte des Erdbodens durchdrang langsam meine Kleidung, ich fror. Nach einer Weile fuhren LKWs (W 50) vor. Eine erste Leibesvisitation erfolgte, bei der wir in der beschriebenen Stellung verharren mußten. Zu meiner rechten Seite warf gerade ein Uniformierter nacheinander 2 Flaschen auf den Erdboden. Einzelne Splitter gingen bedenklich nahe unseren Köpfen nieder. Bald wurde von rechts her begonnen, jeden Liegenden einzeln hochzuzerren. Wir wurden zum LKW geführt und mußten aufsteigen. Dabei bekam ich abermals einen Schlag auf den Rücken. Neben mir wurden weitere 4 Bürger plaziert. Uns gegenüber nahmen knüppelschwingend 2 Uniformierte Platz. Draußen brüllte ein Uniformierter zu uns: ›Euch Dreckschweinen werden wir es zeigen!‹. Während der Fahrt durften wir nicht nach hinten hinaussehen und hatten die befohlene Haltung beizubehalten. Die Fahrt dauerte ca. 15 Minuten und war sehr kurvenreich. Warnend schlugen die 2 Bewacher mit ihren Knüppeln auf die Sitzbänke. Das Fahrzeug hielt. Wir mußten runter vom LKW. Dies sollte einzeln und nacheinander geschehen. Doch auf der anderen Seite ging es den Uniformierten nicht schnell genug, sie halfen nach. Wir befanden uns auf Kasernengelände. Es regnete. Wir 5 mußten uns in einer Reihe hintereinander stellen, die Hände im Genick verschränkt, Beine auseinander. Wie lange wir da standen, weiß ich nicht. Dann mußten wir eine Treppe hinaufrennen in ein Gebäude, auch dabei Hände hinter dem Nacken. Wir kamen in einen Raum. Jeder mußte sich mit der Stirn an die Wand lehnen, Beine weit weg von der Wand und breit gespreizt, Hände im Nacken. Zweite Leibesvisitation. Dabei nutzten die hinter uns stehenden Uniformierten lebhaft die Möglichkeit, der mit dem Körpergewicht belasteten Stirn, Schmerzen zu bereiten. Taschenentleerung. Danach hatte jeder an einen Tisch zu treten und seine Personalangaben zu machen. Dann ging es in einen großen Raum (Klubsaal?) mit Parkettfußboden. Aufstellung: Beine breit, Gesicht zur Wand, Hände im Nacken. Der Saal füllte sich immer mehr. Ich konnte wieder auf die Uhr sehen. Es war 01.45 Uhr (7.10., ›Tag der Republik‹). Wir wurden durch 2 Mann bewacht. Einer belehrte uns aus dem Hintergrund: ›Sie befinden sich in einem militärisch gesicherten Objekt. Bei Fluchtversuch wird geschossen!‹ Mehrmals wurden wir während der Stehzeit schikaniert und mißhandelt. Links von mir wurden einem Stehenden von hinten die Beine weggerissen, er fiel mit dem Gesicht auf das Parkett. Gegen ca. 05.00 Uhr wurden wir mehrmals umsortiert. Das große Fenster war geöffnet. Es zog. Das Fenster zu schließen wurde mir verweigert. In den Armen und Beinen verspürte ich kein Gefühl mehr. Einmal brach ich zusammen, mußte mich aber nach kurzer Zeit wieder in die Reihe stellen. Nach erneuter Umsortierung wurde meine Reihe in einen anderen Raum getrieben. Dieser war ca. 25 m² groß und mit etwa 50–60 Personen belegt. Viele mußten auf der Erde sitzen, die Stühle reichten nicht aus. Es gab einen Kübel Tee. Einer von uns mußte dann den verschmutzten Erdboden auf den Knien rutschend wischen, ein Schrubber wurde ihm nicht gegeben. Gegen 07.30 Uhr bekamen wir eine Schmalzschnitte. Dann wurde umsortiert. Wir standen anschließend sehr lange auf dem Flur, nahe der Küche. Erneute Erfassung der Personalien. Dann Aussortierung einzelner Personen. Auch mein Name war dabei. Ich wurde den Flur entlang gejagt, irgendwann mußte ich dann stehenbleiben. An die Wand in erwähnter Stellung. Nächste Leibesvisitation. Warten. Dann wurde ich eine Treppe hinaufgeführt. Ein Raum mit zwei (oder drei) Tischen, Schreibmaschinen und Beamten. Erneute Taschenentleerung, wiederum Aufnahme der Personalien. Danach in einen anderen Raum. Ähnliche Situation wie im vorigen. Irgendwann wurde ich wieder aufgerufen. Ich wurde die Treppe hochgeführt zur Befragung, die ein auswärtiger Leutnant der Kriminalpolizei in Zivil vornahm. Dann ging es wieder runter in den Raum. Gegen 18.30 Uhr bekamen wir das zweite Mal etwas zu essen: wieder eine Schmalzschnitte, auch einen Kübel Tee. Im Türeingang des Raumes standen (wie bereits zuvor) abwechselnd immer 1–2 Bewacher. Sie achteten besonders auf die Einhaltung des Schlafverbotes. Jedwede Anzeichen dafür, auch nur im geringsten Ansatz, wurden mit einer Sonderbehandlung auf dem Flur bestraft. Da ging es dann lautstark und mit übelsten Beleidigungen zu, die Uniformierten schienen großen Spaß dabei zu haben. Wenn sie eine Zeitlang schon niemanden mehr zur Sonderbehandlung hatten, wurde willkürlich jemand auserwählt, um ihre augenscheinliche Gier zu befriedigen. Die Sonderbehandelten kehrten vom Flur mit blutleeren Fingern zurück. Sie mußten bereits geschilderte Haltung mit den Fingerspitzen an die Wand einnehmen. So waren sie dann auch minutenlang nicht in der Lage, einen Becher Tee zu halten, er glitt aus den Händen. Ein gut gekleideter, grauhaariger Herr stand offensichtlich unter Schock. Bewegungslos saß er auf seinem Stuhl und starrte apathisch geradeaus. Ein anderer junger Mann hatte ein Loch im Kopf, die Wunde war nur notdürftig abgedeckt. Ein nächster junger Mann hatte eine zerschlagene Gesichtshälfte, verquollen und blutunterlaufen. Der Anblick war schrecklich. Ein älterer und einfach gekleideter Mann hatte total zerschundene Hände. Die Verrichtung der Notdurft erfolgte unter Bewachung. Die hygienischen Zustände waren katastrophal. Im Toilettenbecken befand sich ein riesiger Haufen, die Urinbecken liefen über. Etwa so gegen 20.00 Uhr wurden wieder Personen aufgerufen (fünf), darunter ich. Wir wurden in ein Zimmer geführt. Eine weibliche Uniformierte mit dem Dienstgrad eines Hauptmanns gab uns unsere Ausweise zurück, händigte uns die Eröffnung eines Ordnungsstrafverfahrens zur Unterschrift und Stellungnahme aus und erfragte die Vollständigkeit unserer persönlichen Dinge. Mit der Empfehlung, den Hauptbahnhof weiträumig zu umfahren, wurden wir dann entlassen. Gegen 21.30 Uhr war ich zu Hause. Mein Rücken war durch mehrere starke Schwellungen und blaue Flecken gekennzeichnet, die Fußknöchel geschwollen. Hinzu kamen starke anhaltende Schmerzen im Genick, Rücken, Armen und Beinen sowie Kopfschmerzen. An dieser Stelle muß unbedingt hinzugefügt werden, daß weitere gesundheitliche Beeinträchtigungen meinerseits durch eine gute körperliche Verfassung vermieden werden konnten. Nur sie allein ermöglichte z.B., daß ich von speziellen Sonderbehandlungen verschont geblieben bin.

Es muß ebenfalls festgestellt werden, daß meine Ausführungen nur Stückwerk sein können in Anbetracht der Tatsache, daß ein junger Bürger unseres Landes derartige Geschehnisse bisher nur von der Leinwand her kannte.

Ich erstatte hiermit Anzeige gegen die dafür Verantwortlichen wegen Freiheitsberaubung, Beleidigung und Verleumdung, Diskriminierung und Körperverletzung bzw. Schadensherbeiführung. Es hat über eine Woche gedauert, bis ich wieder absolut frei von den mir zugefügten Schmerzen war. Und nur aufgrund meiner Arbeitsmoral kam es zu keiner Krankschreibung! Bis heute habe ich keine Mitteilung über eine Einstellung des Ordnungsstrafverfahrens erhalten. Ich fordere meine absolute Rehabilitierung!

Abschließend erkläre ich mein Einverständnis damit, mein Gedächtnisprotokoll bzw. Auszüge aus diesem dafür zu verwenden, um weitere Bürger über das Vorgefallene aufzuklären bzw. zu informieren.«

(Gedächtnisprotokoll, Oktober 1989)

Was Elisabeth Groh am Abend des 6. Oktober widerfuhr, schreibt sie ein paar Tage darauf an eine Freundin:

Liebe U.!

Was ich Dir heute schreibe, wirst Du kaum für möglich halten, aber es war so, und ich bin noch ganz durcheinander.

Am 6.10. fuhren K. und ich mit dem letzten Zug, der den Dresdner Hauptbahnhof an diesem Tag erreichte. Danach lag er für Stunden still. Chaos. Wir standen mitten drin. Ich war ziemlich aufgeregt, weil ich diesmal fotografieren wollte. Gerade Leute mit Fotoapparat wurden besonders schnell und sicher, auch von zivilen Leuten, herausgepickt und mitgenommen.

K. zog mich ins Gedränge, rief, schrie, jetzt!, ich soll, ich müsse das und das fotografieren, jetzt!, wie die Demos Steine schmeißen, jetzt!, wie die Bullen auf sie draufstürzen, jetzt! Sie schrie und zog an meinem Arm, so daß ich jede Menge verwackelter Bilder haben werde ...

Wir standen an der breiten Straße vor dem Hauptbahnhof, als eine über die gesamte Straßenbreite dicht gestaffelte Kette von Kampfgruppen-Leuten die blanke Parade abhielt, wahrscheinlich um die Demos einzuschüchtern. Im Sturmschritt klammerten sie sich dicht aneinander, schrien 1, 2, 3, ho! oder so ähnlich und wurden von hinten noch durch ein Sprachrohr angetrieben. Auf einmal verschwamm alles um mich her. K. rief, ich solle die Augen fest schließen und die Hände davor halten. Tränengas. Ich brüllte zurück, K. solle sich bei mir einhaken, und ohne zu sehen wohin, gingen wir einige Hundert Meter, bis wir dachten, aus der Wolke raus zu sein. Aber es war ein Trugschluß; denn auch die Truppen waren eingeschwenkt, und das Tränengas breitete sich überall aus. Auf einmal bekam ich echt Angst, und jetzt wird mir auch klar, warum. Davor konnte ich ja eigentlich immer weglaufen, aber durch das Tränengas war man total gehemmt, blind ausgeliefert. Die Bullen konnten einen einfach absammeln wie Marienkäfer mit verklebten Flügeln.

Nach bald drei Stunden in diesem Tumult hatte ich genug. Mir war klar, daß das gegenseitige Belauern Angst und Streß auf beiden Seiten nur hochschaukeln konnte. Jederzeit konnte es zum totalen Flop zwischen den Bullen, die sich provoziert fühlten, und den Demos kommen. Ich sagte tschüß und stieg in irgendeine Straßenbahn, die gerade kam. Ab und zu fuhren noch welche. Doch der Fahrer weigerte sich abzuklingeln, weil diese idiotischen Demos die Straßenbahn angriffen. Nun stand diese tram so blöd, daß die Bullen die Kontrolle über die Lage auf der Freifläche vor der Prager Straße außer Kontrolle glaubten. So stellten sich links und rechts von der Bahn Bullen mit Hund auf, die, das sah ich, echt heiß gemacht wurden. Zwischendurch prägte sich mir ein merkwürdiges Bild ein: ganz nahe an der Fensterscheibe der Straßenbahn ging ein junger Bulle mit tieftraurigen Augen entlang.

In der Straßenbahn erzählten sich Leute, daß es heutzutage nicht einmal möglich sei, am Abend essen zu fahren. Den Insassen schien überhaupt nicht klar, daß alle Leute für die Bullen auf einmal Demos waren, weil sie keine Uniform trugen. Auch ich kam mir trügerisch sicher vor unter den bunt zusammengewürfelten Straßenbahnleuten.

Dann stiegen ein paar Gröl-Demos in die Bahn ein und einer rief: ›Scheiß Bullen!‹ Ich wußte gar nicht, was geschah, auf einmal leerte sich der Anhänger, und alle Insassen mußten sich, Gesicht zur Erde, auf die kalten Steine legen, kreuzweise vor den Hauptbahnhof. Über ihnen die Bullen mit Schlagstöcken und Hunden. Chile. Und immer noch fühlten wir uns in dem vorderen Wagen sicher! Saudumm. Wir kamen noch an die Reihe. Auf der einen Seite stieg ein dicker Bulle ein und rief: ›Steigen Sie bitte aus und legen Sie sich hin!‹ Das sagte der ganz höflich. Es war absurd. Hinten kam ein drahtiger Bulle, der schneidig schrie: „Raus hier, hinlegen!" Was ich dann auch befolgte.
Über mir eine heulende Frau. Ich lag zum Glück mit dem Gesicht Richtung Straßenbahn und sah, daß eine vornehm wirkende Frau nicht ausgestiegen war. Alle anderen auf dem Boden liegenden zwanzig bis dreißig Leute drehten sich nicht um, waren total verängstigt. Obwohl ich mit meinem Fotoapparat vielleicht die gefährdetste Person war – vielleicht gab mir das gerade Kraft – , stand ich auf, ganz ruhig und klar im Kopf, und ging auf den ›Bitte!‹-Bullen zu. Ich sagte zu ihm, daß ich nicht wüßte, warum ich auf dem kalten Boden liegen solle und daß ich mit der Straßenbahn weiterfahren möchte. Ich holte noch die weinende Frau, nahm sie an die Hand, weil sie völlig handlungsunfähig war, und stieg in die Bahn zurück, wo die vornehme Dame nach der anderen Seite schaute und einfach nicht dabeisein wollte. Die Bahn fuhr dann mit uns unbeschadet ab.
Ich las jetzt ein Gedächtnisprotokoll, in dem die Straßenbahnräumung beschrieben wird. Einer der Insassen berichtet, daß alle anderen Leute, die da lagen, abgeführt und mindestens 24 Stunden festgehalten wurden. Sie hatten sich ohne Gegenwehr in das Schicksal gefügt. Auf einmal wurden mir zwei Dinge klar, wieso mich das nicht getroffen hatte. Ich hatte erstens gewittert, daß der ›Bitte‹-Bulle unsicher in der Befehlsausführung war und selbst nicht genau den Horizont seiner Handlungsfreiheit abgrenzen konnte. Weiterhin ahnte ich, daß der brave Bürger, so unmöglich auch ein Befehl lauten mag, sich willfährig den Beamten beugt, ohne zu fragen, warum ihm das geschehen soll. Keiner versuchte auch nur, sich dem Irrsinn zu entziehen. Das gelingt natürlich nicht in jeder Situation, aber meine Erfahrung zeigt doch, wie fertig uns das System schon fast alle gemacht hat.
Sei lieb gegrüßt von Deiner E.

Fünfter Tag   7. Oktober 1989

Zwei Tage nach dem Republikgeburtstag wendet sich Diplomingenieur Willi D. (54) mit Empörung an Erich Honecker, um ihm seine Erlebnisse am 7. Oktober zu schildern. Er war auf den Hauptbahnhof gekommen, um eine Fahrkarte nach Stralsund zu kaufen. Dort wollte Herr D. tags darauf seine alte Mutter besuchen. Mit Mühe versuchte er zum Schalter vorzudringen. Überall Polizisten mit ihren Ausrüstungen. Herr D. empfand ihre Gesichtszüge abgestumpft und brutal wirkend. Beinahe wurde er von einem Polizisten mit Schild umgestoßen. Plötzlich begannen die Uniformierten, mit ihren Schlagstöcken rhythmisch gegen die Schilde zu schlagen. Dann stürzten sie los, packten, wen sie kriegen konnten. Die meisten liefen eilig davon, verfolgt von den Polizeikräften. Herr D. kam nicht so schnell nach, er war erschrocken und auch empört; denn er fühlte sich nicht betroffen. Da hörte er hinter sich herrufen: »Lauf doch zu, lauf alter Bock! Lauf um dein Leben!« Mit tiefer Abscheu ging er nach Hause. Der Feiertag war ihm verdorben. Prellungen und Schwellungen blieben von dieser Begegnung auf dem Hauptbahnhof zurück, vor allem aber die Erinnerung an das Auftreten der jungen Menschen in Uniform, die Herrn D. von nun an bis in den Schlaf verfolgen. Das hätte ich in unserem Land nicht erwartet, schrieb er an den Staatschef. Der Besuch der Mutter mußte unterbleiben; auch die alte Frau blieb allein, um eine Enttäuschung reicher.

Zu dieser Zeit sitzt Uta M. (21) schon im Zug nach Berlin. Sie will mit Freunden ein Konzert besuchen. In der Menge zieht sie abends am Palast der Republik vorüber. »Gorbi, Gorbi!« rufen die Menschen. Honecker lächelt. Später geschicht folgendes:

> »Nach der Demo lief ich gemeinsam mit meiner Freundin Richtung Mollstraße. Die Stimmung wird immer aggressiver. Die Polizisten haben ihre Schlagstöcke gehoben und schlagen auf die Demonstranten ein. Das Feige ist, sie springen zu dritt oder zu viert auf einzelne Leute zu und zerren sie weg. Dabei nehmen sie auf Mädchen und Frauen keine Rücksicht. Ich habe das Gefühl, ihnen ist es egal, wen sie da erwischen. Hauptsache, sie greifen zu und haben jemand, den sie schlagen und wegbringen können. Wir legen es nicht darauf an, von den Bullen gegriffen zu werden. Aber unser Ehrgeiz richtet sich auch nicht gerade darauf wegzukommen. Es ist eine merkwürdige Stimmung. Nicht mehr die

Angst der ersten Tage in Dresden. Mehr Wut, zu zeigen: die kommen so nicht durch. Immer mehr Leute rufen: »Gorbi hilf! Gorbi hilf!« Aber der hört das nicht. Was sind das nur alles für gut informierte Leute. Jedenfalls kommen wir den Bullen immer näher. Obwohl ich beide Beine entgegenstemme, nehmen sie mich leicht wie eine Feder. Ich gebe die Gegenwehr auf, noch bevor ich richtig dazu entschlossen war. Meine Freundin verliere ich aus den Augen. Sie bringen mich zu einem LKW. Nachdem ich mich gerade hinstellen muß und sie mich – angeblich auf Waffen – abtasten, werde ich ziemlich unsanft hochgejagt auf die Verladefläche. Schreie, Rufe, Panik. Mir ist schon alles egal, und ich nicke zusammen. Warten, warten, Ungewißheit. Ich weiß nicht mehr wie lange. Schließlich kommen wir in einer Garage an, müssen uns in Polizeistellung vor die Wand stellen. Die Schikanen nehmen kein Ende. Ich hätte nie gedacht, daß es hier sowas gibt, das ist ja wie Chile. 38 Stunden bekommen wir nichts zu essen und sind ohne Schlaf. Dazu dieses aufdringliche Gehabe der Polizisten. Die meisten sind ziemlich jung, so in unserem Alter oder jünger. Das schlimmste war, daß wir nicht aufs Klo durften. Eine mußte sich im LKW einpissen, und die Bullen haben sich noch lustig drüber gemacht, als wir uns beschwerten. Wie einem Schwerverbrecher wurden mir die Fingerabdrücke genommen. Einer anderen sogar zweimal. Auch Fotografieren mußte man sich lassen. Was hatten wir denn getan? Wenn ich danach fragte, bekam ich entweder überhaupt keine Antwort oder dumme Sprüche zurück wie: Euch werden wir schon noch auf die Schliche kommen! Ein Mädchen mußte sich nackt ausziehen und wurde unter dem Gelächter der Polizisten über den Gang gejagt. Mir blieb soetwas glücklicherweise erspart. Trotzdem benahmen sich einige der Polizisten ziemlich aufdringlich und versuchten herumzugrabschen. Das mindeste waren abfällige Bemerkungen und Verhöhnungen. Jedenfalls werde ich diesen ›Republikgeburtstag‹ für immer in Erinnerung behalten.«

14 Uhr. Während im Gartensaal des Deutschen Hygienemuseums ein Kolloquium »200 Jahre Französische Revolution« im Rahmen der Musiktage stattfindet, bin ich unterwegs zum Theaterplatz. Mich interessiert jetzt eine ganz andere Revolution; das Neue Forum hat zu einer ersten großen Kundgebung aufgerufen. Doch niemand weiß etwas. Oder will niemand etwas wissen?
Künstliches Markttreiben. Pseudofeierlichkeit. Als es dunkel wird, tuckert vom Altmarkt her eine kleine Eisenbahn auf Gummireifen einsam in Richtung Rathaus. Kinder sind nicht zu sehen. Der »Lokführer« blickt ziemlich finster drein. Ein irres Bild auf dem sich leerenden Platz. Doch es steigert sich noch. Die Toreinfahrt zum Rathaus öffnet sich, um die Eisenbahn einzulassen, da werden – ich glaube meinen Augen nicht zu trauen – waffenstarrende Männer sichtbar, Kampfgruppenuniformen, Stahlhelme, feldmarschmäßige Ausrüstungen. Die Spielzeug-

eisenbahn wird, wie im Märchen vom Berg Sesam, geschluckt, die schweren Tore schließen sich. Beängstigende Stille kehrt ein.

Am Abend versammeln sich ungefähr 3000 Menschen am Hauptbahnhof. Beinahe schon das tägliche Bild. Aber an diesem Tag ist es doch anders. Zunächst bildet sich ein Stau von Menschen auf der Haltestelleninsel der Straßenbahn vor dem Leninplatz. Zu Füßen des Denkmals sitzen Passanten auf dem Rasen. Die Polizei sperrt den Bahnhof ab. Hundebellen, schon wieder. Die Situation spitzt sich zu. Mit einem Mal erheben sich – wie abgesprochen – die Menschen, und erstmals setzt sich ein Demonstrationszug in Bewegung. Noch ist es ein Test der Polizeireaktion. Auch die Nordseite der Prager Straße ist jetzt von Polizisten abgeriegelt. Aber sie greifen nicht ein.

Der Demonstrationszug beginnt sich zu formieren. Entschiedener schwenkt er nun nach rechts auf die Leningrader Straße, über Bahngleise geht es hinweg; es gibt kein Halten mehr. Eine Straßenbahn bremst unter lautem Klingeln. Solidarität? Zum Schein gewahrter Ordnungssinn? Erste Sprechchöre: »Wir bleiben hier!«, aber auch: »Keine Gewalt!« Vielleicht sind es schon Zehntausend, die Richtung Pirnaischer Platz marschieren. Wollen sie das Rathaus stürmen wie vor anderthalb Jahrhunderten?

Pfarrer Andreas Horn:

> »Am Abend des 7. Oktober bin ich zum Hauptbahnhof gefahren, weil von unserer Gemeinde sehr viele die Absicht geäußert hatten, dort zu sein. Ich wußte, daß Gruppen der Gemeindeglieder immer dabei waren und geäußert hatten, die Gewalt eskaliert in zunehmendem Maße auch gegen friedliche Bürger, und ich hielt schon für wichtig, dort anwesend zu sein. Ob man irgendetwas hätte ausrichten können, wußte ich zu diesem Zeitpunkt natürlich nicht. Ich hörte dann, kurze Zeit nachdem ich angekommen war, Rufe: ›Wir gehen zum Rathaus!‹ Meines Wissens ging das nicht von einer bestimmten Person aus, sondern es waren mehrere Jugendliche, die diesen Gedanken hatten. Was das Ziel war, konnte ich in diesem Augenblick nicht erfassen. Und dann bewegten sich die Massen – mehrere Tausend mögen es gewesen sein, das läßt sich schwer schätzen – in Richtung Rathaus ...
>
> Losungen kamen sehr spontan, und interessanterweise wurde auch nur manches aufgenommen und weitergetragen. Es pflanzte sich dann über den ganzen Demonstrationszug fort. Zum Teil recht naive Inhalte, an Fußballosungen erinnernd. Zum Teil richtige Volkspoesie, einfache bildhafte Formeln mit Überzeugungskraft. Ich habe mir das dann mal notiert: ›Dresden erwache!‹ Dann aber auch, fast triumphierend, ›Dresden ist erwacht – 6, 7, 8‹ oder andersherum. Dresden galt ja immer ein bißchen als verschlafene Stadt, das Tal der Ahnungslosen undsoweiter. Jetzt sind die Dresdner zum ersten Mal politisch wach, so

Oben und nächste Doppelseite: Abriegelung am Platz der Einheit. 7. Oktober

würde ich diese Losung interpretieren. Und so war wohl auch ihr spontanes Verständnis an diesem Abend. Im Fortschreiten des Demonstrationszuges klang es dann auch: ›Schließt euch an, wir brauchen jeden Mann!‹ Viele waren ja noch passiv, standen am Straßenrand, oder guckten aus den Fenstern. Es wurde dann immer mit besonderem Beifall aufgenommen, wenn jemand in den Zug hineinkam. Auch einzelne Rufe waren zu hören wie ›Freiheit!‹. ›Wir bleiben hier – Reformen brauchen wir!‹ Das war mir neu und löste die Rufe ›Wir wollen weg!‹ ab.

Sobald irgendwo in der Ferne ein Polizeiauto auftauchte, ertönte sofort mit großer Einigkeit der Ruf: ›Keine Gewalt! Keine Gewalt!‹. In direkter Gegenüberstellung mit der Polizei und Sicherheitskräften kam auch: ›Schämt euch! Schämt euch!‹ Aber auch, das bewegte mich doch sehr, ›Vater, schlag nicht! Bruder, schlag nicht!‹ ›Wir sind das Volk!‹ kam eigentlich erst später auf. Vereinzelt klang es auch ›Neues Forum!‹ und ›Dialog!‹

Für mich war etwas überraschend, daß es durchaus nicht auf direktem Weg zum Rathaus ging. Der Demonstrationszug bog vom Pirnaischen Platz aus in die Thälmannstraße ein. Mehrere Tausend Menschen, wie gesagt, das ließ sich schwer einschätzen. Und die gingen dann den Weg über den Postplatz, zum Theaterplatz, über die Brücke nach Neustadt, am Goldenen Reiter vorbei nach dem Platz der Einheit. Weiter zur Rothenburger Straße und zum Fučikplatz. Dann wieder in Richtung Stadtzentrum.

Am Postplatz, das war so gegen dreiviertel neun, kamen neue Demonstranten hinzu. Jetzt kristallisierten sich doch die Losungen ›Wir bleiben hier – Reformen wollen wir!‹, aber auch ›Schließt euch an – wir brauchen jeden Mann!‹ und ›Neues Forum, Neues Forum!‹ als klare Favoriten heraus. ›Keine Gewalt!‹ immer im Angesicht mit der Polizei. Niemand hatte Fahnen mit, auch noch keine Transparente wie in späteren Demonstrationszügen. Am Anfang hatte ich mich eigentlich ziemlich unwohl gefühlt, weil es ja etwas völlig Ungewohntes, auch Unberechenbares war, was hier vorging. Und die Stimmung war doch zunächst auch recht aggressiv, emotional sehr aufgeladen. Ich hatte auch Angst, weil ich nicht wußte, was das bedeutet: ›Wir gehen zum Rathaus!‹ Aber dann lief doch alles sehr diszipliniert ab. Es gab keinerlei Zerstörungen oder Sachbeschädigungen. Auch die Rufe hätte ich eigentlich alle unterschreiben können, auch wenn ich nicht mitgerufen habe, weil mir die Situation doch recht ungewohnt war. Gesungen wurde – eigentümlicherweise – immer wieder der Refrain der Internationale. ›... auf zum letzten Gefecht!‹

Dennoch waren alle eingeschworen auf ›Keine Gewalt!‹ Das war nicht nur an die Polizei gerichtet, sondern auch wie eine ständige Ermahnung an den Demonstrationszug selbst. Auch auf solchen Wegen wie auf der Straße der Befreiung, wo Tribünen aufgebaut waren, Blumentöpfe herumstanden und ja auch

Kunstgegenstände aufgestellt sind, ging alles glimpflich ab. Es waren Leute unter den Demonstranten, zunehmend auch ältere, die in einer regelrechten Eigentümerverantwortung immer wieder dafür gesorgt haben, daß nichts zu Schaden kommt. Einer sagte sogar: Geht nicht über den Rasen! Oder: Schön auf der Straße bleiben! Dann lief jemand vor und stoppte die Autos, daß alle unbeschadet über die Fahrbahn kamen. Anwohner, Autofahrer und die Leute in den Straßenbahnen winkten uns zu, und mancher an der Seite stimmte in Losungen ein, ohne dann selbst mitzugehen. Schon zu diesem frühen Zeitpunkt gab es Leute, die später das durchführten, was als postrevolutionäre ›Sicherheitspartnerschaft‹ mit der Polizei in die Annalen einging. Nochmal wie so ein Ruf entstand: Es riefen ja einzelne vieles. Aber es wurde deutlich differenziert. Bei weitem nicht alle Rufe wurden von der Masse angenommen. Ich hab dann, das war so kurz vor zehn nachts, auf der Grunaer Straße auch erlebt, daß einzelne Rufe diskutiert wurden. Einer rief etwas, der wurde korrigiert: Das paßt hier nicht her! Er wäre auf der falschen Demo und soetwas. Schon zu diesem Zeitpunkt. Es war eigentlich die erste richtige Demonstration in Dresden, und dabei gab es schon dieses instinktive Empfinden, was angemessen, sozusagen mehrheitsfähig ist. Am Pirnaischen Platz hatte die Polizei den Verkehr gestoppt. Aus Richtung Bahnhof waren Sicherheitskräfte nachgerückt. Sie versuchten, die Demonstranten abzudrängen. Die Leute standen sich gegenüber. Einige Hundert Menschen liefen weg. Ein großer Teil sammelte sich aber an der Kreuzung Leningrader-/Pillnitzer Straße. Die Polizei und vermutlich auch NVA-Soldaten formierten sich zu einer langen Kette. Gegen 22.15 wurde eine neue Kette von Polizisten davorgeschoben, ich vermute eine Art Kampftruppe. Es waren Bereitschaftspolizisten da, Armee-Einheiten und Offiziersschüler bzw. Offizierskräfte. Mir ist das sehr deutlich in Erinnerung, wie sich Demonstranten in der Nähe der Brücke auf den Rasen setzten bzw. auf die Straße. Sie skandierten noch einmal ganz deutlich: ›Keine Gewalt! Keine Gewalt!‹ Und dann auch die eindrücklichen Rufe: ›Vater, schlag nicht!, Bruder, schlag nicht!‹ Das war doch ein Angebot.

Aber die Polizisten gingen nicht darauf ein. Zunächst wurden einige Demonstranten offensichtlich willkürlich herausgegriffen. Wie die Polizisten massiv zugingen auf die wehrlosen, friedlich sitzenden Demonstranten, das sind Bilder, die mir sehr tief haften blieben. Mit dem Gummiknüppel nach vorn gestreckt, stürzten sie auf die Sitzenden zu. Und dann schlugen sie brutal auf sie ein. Aus einer großen Übermacht heraus. Das habe ich selbst gesehen, wie sich das abgespielt hat. Unmittelbar vor mir. Ein Teil der Menschen ist dann ausgerissen. Das konnte man immer noch. Ein Teil blieb aber bewußt sitzen und ließ sich zusammenschlagen. Hinter den Polizisten versammelten sich Menschen aus den umliegenden Straßen, die abgedrängt waren. Gegen 22.30 Uhr war die Straße in ganzer Breite von Polizisten in Schutzausrüstung abgeriegelt. Mehrere Hundert Demonstranten wurden inhaftiert. Meines Wissens ist das die einzige Demonstration gewesen an diesem 7. Oktober in Dresden, die dort aufgelöst worden ist.

Es gibt dann noch ein paar festhaltenswerte Beobachtungen. Ich hatte einen Augenblick lang den Eindruck, daß die erste Gruppe von Polizisten, wahrscheinlich Bereitschaftspolizisten, keine Anstalten machten, auf die Demonstranten einzuschlagen. Vielleicht hat man deshalb auch die andere Gruppe davorgeschoben. Ich sah, wie ständig Vorgesetzte an den Reihen entlanggingen und auf die jungen Menschen einsprachen: sie sollten dichter stehen, aufschließen, undsoweiter. Und die Polizisten nahmen das mit einer gewissen Zurückhaltung auf. Das war dann bei der Kampftruppe anders, da hatte ich den Eindruck auch eigener Motivation. Die hatten auch genau trainiert, wie man so eine Schlägerei beginnt. Das hatte man ja zum ersten Mal miterlebt, die Polizisten, wie sie anfangen, im Takt gegen ihre Schilde zu trommeln. Eine ganz eigentümliche Empfindung beklimmt einen da. Diese Situation verliert eigentlich alles Menschliche. Die Polizisten sind als Menschen nicht mehr zu erkennen, hinter Schutzhaube und Schild, auch die Laute sind nicht menschlich. Dann wird gezählt, heiser und dumpf, einfach im Takt gezählt, der Marschtritt, der Takt des Zuschlagens, was weiß ich ... Der Rhythmus der Brachialgewalt. Also fast ein mystisches, ein tierisches Geschehen. Indem sie sich selbst Mut machen durch Lautstärke und Gleichschritt, wird das Nachdenken ausgeschaltet. Wenn Menschenmassen in dieser Art vorgehen, sind sie zu allem fähig. Das ganze bekommt dann eine Eigendynamik, in der der einzelne die Gewalt über sich selbst verliert.

Mit Trommeln und Brüllen, Knüppel nach vorn gestreckt – so rennen sie auf uns zu. Das sind schon Eindrücke, die sehr tief gehen. Die man nicht vergißt und über die man sich später so seine Gedanken macht. Wie ein Ritual. Das sind die Eindrücke aus meiner Studentenzeit, die sich mit dem Film ›Blutige Erdbeeren‹ verbinden. Die letzte Szene, in der sich alle hingesetzt haben und die Polizei in die Universität eindringt. Das kam mir in Erinnerung bei dieser Situation vor der Brücke. Da wurde dann auch noch einmal die Internationale gesungen von den Sitzenden, und dann das Anrücken der Polizei.

Ich bin dann nach Hause gegangen. Aber ich hatte nicht mehr so stark Angst empfunden wie zum Beginn der Demonstration. Das Solidaritätsgefühl dieser Menschen, die dort saßen, gemeinsam der Gewalt ausgeliefert, das schmälerte doch die Angst. Das habe ich sehr stark empfunden, als sich alle dicht aneinanderklammerten, und doch sehr deutlich das Gefühl aufkam: hier möchte ich sitzen bleiben. Aber da ich allein war, meine Frau nicht da und die Kinder allein zu Hause, da hab ich mich dann losgerissen ...«

Christof Ziemer

Wort zur Situation

gesprochen am 7. Oktober in der Vesper der Kreuzkirche, wiederholt in allen Dresdner Kirchgemeinden zu den Gottesdiensten am darauffolgenden Sonntag

Wir sind randvoll mit den Erfahrungen der letzten Tage. Wir sehnen uns nach einer Erneuerung der Gesellschaft, in der Probleme und Ursachen offen benannt werden und die nötigen Schritte in Richtung Veränderung gegangen werden. Was wir in den vergangenen Tagen erlebt haben, hat uns bestürzt:

- die Zuspitzung des Ausreiseproblems durch die Schließung der Grenzen und durch die den Hauptbahnhof passierenden Züge aus Prag in die Bundesrepublik
- die wachsende Unruhe in der Bevölkerung mit der Frage, wie es weitergehen soll und was der einzelne tun kann
- die widersprüchlichen Erfahrungen und Haltungen derer, die sich in den letzten Tagen am Bahnhof und in der Prager Straße versammelten
- die polizeilichen Maßnahmen gegen die Ausreisewilligen und gegenüber den Menschenansammlungen
- die Gewalttätigkeit einzelner und kleinerer Gruppen und die Gegenmaßnahmen der bewaffneten Organe.

Das alles macht es schwer, jetzt in Ruhe der Situation standzuhalten. Gerade jetzt aber ist Besonnenheit und Nüchternheit nötig. Laßt uns keine vorschnellen Urteile fällen. Einseitige Schuldzuweisungen werden der Situation nicht gerecht. Ich bitte Euch, die folgenden fünf Punkte zu bedenken:

1. Laßt uns der Versuchung zur Gewalt widerstehen. Gewalt zerstört alles, was uns teuer ist. Was in den letzten Tagen geschehen ist, darf keine Fortsetzung finden. Jeder muß es für sich mit aller Entschiedenheit festhalten: Gewalt muß das sein, was schlechterdings ausgeschlossen ist, auch und gerade dann, wenn wir selbst Gewalt erleiden müssen.
2. Laßt uns der Versuchung zum Weggehen, zur Flucht widerstehen. Probleme werden nicht durch Trennung gelöst. Überlegt die Konsequenzen, die das Weggehen für andere hat. Flucht ist keine Lösung. Laßt uns hierbleiben und gemeinsam um die Wende zum Besseren ringen.
3. Laßt uns bedenken, daß die langfristige Lösung der Probleme in unserer Gesellschaft nicht durch kurzfristige Aktionen unmöglich gemacht werden. Wir brauchen jetzt – auch wenn es uns schwerfällt – die Bereitschaft zum langen

> Atem. Die langfristigen Probleme, zum Beispiel die notwendigen Veränderungen in der Gesellschaftsentwicklung, die Aufnahme der ökologischen Herausforderungen, die Friedenserhaltung in Europa, werden nur in beharrlichem, zähem Ringen des Dialogs auf breiter Ebene gelöst werden können.
> 4. Laßt uns unsere Aufgabe als Friedensstifter erkennen und aufnehmen. Friedensfähigkeit heißt heute und jetzt Konfliktfähigkeit. Es gibt keine einfachen, glatten Lösungen. Unser Leben und auch wir selbst sind voller Widersprüche. Wir sind hin und her gerissen zwischen unseren Empfindungen. Wir brauchen jetzt einen kühlen Kopf. Wir müssen lernen, den Konflikten nicht auszuweichen oder sie zu verschärfen, sondern mit ihnen friedlich umzugehen, indem wir Konflikte aufarbeiten, durcharbeiten und gemeinsam nach Lösungen suchen.
> 5. Laßt euch in allem, was ihr denkt, redet und tut vom Geist des Evangeliums inspirieren und leiten. Bedenkt, daß ihr vor Gott und den Menschen verantwortlich seid! Bringt alles, was euch umtreibt, im Gebet vor Gott! Sucht die Gemeinschaft und das Gespräch!
>
> Der Geist Gottes, der Geist der Gerechtigkeit und der Sanftmut, der Wahrheit und der Liebe, der Freiheit und der Barmherzigkeit geleite euch!

Die Ereignisse dieses Nachmittags und Abends werden von zwei Dresdnern – Matthias Neutzner und Thomas Hiltmann – in Bild und Ton dokumentiert. Sie wollen »angesichts der desinformierenden oder verheimlichenden Berichterstattung objektive Beweise sammeln«.
Matthias Neutzner erinnert sich:

> »Thomas nahm also seine Fotoausrüstung mit und ich ein kleines Tonbandgerät, welches ich gewöhnlich für Interviews benutze. Auf dem Platz vor dem Hauptbahnhof und in der Prager Straße erlebten wir zunächst nur kleine Gruppen zumeist Jugendlicher, die verstreut umherstanden. Verstärkte Polizeistreifen fielen auf. Eine knisternde Spannung war spürbar. Die Zahl der Umherstehenden vergrößerte sich langsam.
> Den Beginn der Konfrontation erlebten wir nicht. Als wir von einem unserer Rundgänge, der uns bis zum Altmarkt geführt hatte, zurückkamen, hatten sich bereits Tausende in langer Front gegenüber dem Bahnhof versammelt, der von Polizeibereitschaften abgeriegelt wurde. Mit Schild und Helm ausgerüstet, sperrten die Beamten die Eingänge. Eine große Zahl von Einsatzkräften war auf dem Parkplatz vor dem Gebäude in Bereitschaft. Hunde waren zu hören. Es hatte sich eine eigentlich skurrile Patt-Situation ergeben. Die Fronten standen einander bewegungslos gegenüber. Wir waren froh, Rufe wie ›Wir bleiben hier,

Reformen wollen wir‹ zu hören. Wenngleich jede Bewegung der Polizisten mit Pfiffen begleitet wurde, schien die Menge glücklicherweise eher friedlich gestimmt zu sein.

Wir hielten uns zunächst in einiger Entfernung auf, um ungehindert Aufnahmen machen zu können. Währenddessen gerieten die mittlerweile sicher zehntausend Demonstranten plötzlich in Bewegung. Wir vermuteten zunächst, daß die Polizei wie an den Abenden vorher vorrücken und uns in die Prager Straße hineintreiben würde. Die Polizisten aber hatten sich nicht bewegt, sie wurden von der sich schnell entfernenden Menge einfach stehengelassen. Wir wurden mitgerissen, wichen wie alle anderen der Sperrkette, die die Prager Straße in unserem Rücken abriegelte, aus und erreichten in kurzer Zeit die Leningrader Straße. Dort formierte sich ein langer Demonstrationszug, der sich in Geschwindmärschen dem Zentrum näherte, immer stärker und immer lauter wurde. Neue Sprechchöre wurden gerufen: ›Schließt Euch an, wir brauchen jeden Mann‹, ›Neues Forum‹ und immer wieder, sowohl an die hinter jeder Straßenbiegung vermutete Polizei wie auch an die Demonstranten gerichtet: ›Keine Gewalt‹.

Thomas und ich versuchten, so viele Aufnahmen wie möglich zu machen, was angesichts der berechtigten Angst der Demonstranten vor Stasi-Aktivitäten schwierig war. Diese Angst spürten wir gleichermaßen, besonders dann, wenn wir besserer Fotostandorte wegen oder um den Film zu wechseln die schützende Menge verlassen mußten.

Den etwa einstündigen Marsch durch das gesamte Stadtzentrum erlebte ich als etwas elementar Befreiendes. Wir waren, endlich, in Bewegung gekommen. Endlich hatte sich die große Gemeinschaft, die wir sooft mit Freunden ersehnt hatten, zu gemeinsamem Handeln gefunden und endlich begann es zu gelingen, das Gefühl der Ohnmacht zu überwinden.

Als sich der konsequent gewaltlose Demonstrationszug, bis dahin unbehelligt von Polizei, erneut dem Stadtzentrum näherte, fotografierten wir aus der obersten Etage eines Hochhauses an der Grunaer Straße. Nichts deutete von oben darauf hin, daß am Pirnaischen Platz ein massiver Polizeieinsatz vorbereitet war.

Als wir das Hochhaus verlassen hatten, hörten wir bereits den Lärm von Auseinandersetzungen. Der Zug war von einem irrwitzig starken Aufgebot an Bereitschaftspolizisten und Armeeangehörigen zerstreut worden. Wir versuchten, den Polizeieinsatz zu fotografieren, was natürlich schwierig war, da in der Dunkelheit mit einem starken Teleobjektiv relativ lange Belichtungszeiten nötig waren. Unmittelbar hinter den vorrückenden Armee-Einheiten am Brückenkopf der Dr. Rudolf-Friedrichs-Brücke gelangen dann noch einmal Tonbandaufnahmen.

Der Demonstrationszug beginnt. Ernst-Thälmann-Straße.
7. Oktober

Demonstrationszug im Stadtinneren. 7. Oktober

Grunaer Straße. 7. Oktober

Wir beobachteten aus der Nähe völlig willkürliche Festnahmen, die allerdings nicht fotografiert werden konnten. Als der Platz in voller Ausdehnung abgesperrt war, beschlossen wir, durch die Absperrung hindurch – einen anderen Weg gab es gar nicht mehr – die bisher gemachten Aufnahmen in Sicherheit zu bringen, was auch gelang.

Auf verschiedenen Wegen hatten wir beide erfahren, daß ausländische Berichterstatter Dresden nach dem 4. Oktober hatten verlassen müssen. Es wurde erzählt, daß am Nachmittag sogar die Telefonverbindungen nach außerhalb unterbrochen gewesen wären. Wir hatten also allen Grund, zu vermuten, daß die für uns so wichtigen Ereignisse des Abends außerhalb der Stadt nicht oder nicht richtig berichtet würden. Auf der Heimfahrt beschlossen wir daher, die Aufnahmen sofort aufzubereiten und weiterzuleiten. Nachdem wir verschiedene andere Adressen verworfen hatten, schien es uns am besten, das Material zu den aus den westlichen Medien bekannten Vertretern des Neuen Forums in Berlin zu bringen, bei denen wir uns intuitiv sicher waren, daß sie verantwortungsbewußt damit umgehen würden.

Zu Haus begann Thomas sofort mit der Dunkelkammerarbeit, während ich die Tonbandaufnahmen schnitt und eine kurze Chronologie des Abends schrieb.

Gegen acht am Sonntagmorgen waren wir reisefertig. In Thomas' Trabant fuhren wir zu Lothar Koch, einem gemeinsamen Freund, von dem wir wußten, daß er die Adresse von Bärbel Bohley kannte. Lothar hielt es für nützlich, mit uns zu fahren, da er weitere Bekannte in Berlin wußte, die uns eventuell Kontakt zu Leuten vom Forum vermitteln könnten.

Während der Fahrt nach Berlin versuchten wir gemeinsam, unser mageres Repertoire an konspirativen Techniken aufzufrischen. Eine, im Nachhinein betrachtet, fast jungenhafte Aufregung hatte uns ergriffen. Es galt, das Material sicher durch die zweifellos vorhandene Stasi-Bewachung zu bringen. Wir ertappten uns dabei, mal die kindliche Begeisterung aus Räuber-und-Gendarm-Spielen, mal aber auch richtige Angst zu spüren. Auf einem Parkplatz an der Autobahnabfahrt Altglienicke rasteten wir kurz, rieben uns die vor Müdigkeit tränenden Augen und legten die endgültige Vorgehensweise fest. Wir würden zum Kollwitzplatz fahren, dort parken und Lothar sollte zunächst zu Fuß zum Haus seiner Bekannten gehen, um festzustellen, ob deren Wohnung sichtbar überwacht würde. Mit ihnen zusammen würden wir dann den sichersten Weg suchen, das Material zu übergeben. Das sonntägliche Berlin schien ruhig wie immer.

Als wir am Kollwitzplatz auf Lothar warteten, fielen uns an mehreren Straßeneinmündungen parkende Ladas auf, in denen mal zwei, mal drei junge Männer saßen. Wir gingen eine Platzseite entlang und eines der Fahrzeuge löste sich aus seiner Parklücke, folgte uns und hielt einige Dutzend Meter hinter uns. Das

wiederholte sich mehrfach. Ich muß heute zugeben, daß ich in diesen Minuten sehr wenig heldenhafte Nervenstärke bewiesen habe und eher geneigt war, fluchtartig das Weite zu suchen. Die Beamten in Zivil stiegen nicht aus.
Lothar kam mit der Nachricht zurück, daß das Haus wohl überwacht würde, aber seine Bekannten ihn überzeugt hätten, dennoch zunächst zu ihnen zu kommen. Wir gingen zum Auto zurück, holten den dicken Umschlag mit den Fotos. Unterwegs ermahnten wir uns gegenseitig, doch nicht so auffällig schnell zu laufen.
Den Oppositionellen vom Prenzlauer Berg war die Überwachung längst alltäglich geworden. Unsere Aufregung mutete ihnen provinziell an und ein wenig rührend. Wir versuchten, bekannte Forum-Leute am Telefon zu erreichen, um herauszubekommen, ob sie zu Hause waren. Nirgendwo wurde abgenommen. Nach erfolglosen Erkundungsfahrten unserer Bekannten beschlossen wir nun, jegliche Vorsicht außer Acht zu lassen und direkt zu Bärbel Bohley zu fahren. Wir parkten in einiger Entfernung von ihrer Wohnung. Vor ihrem Haus waren demonstrativ zwei PKW mit offensichtlich Stasi-Beamten postiert. Im Haus war niemand zu erreichen. Alles schien seltsam ausgestorben und die abenteuerlichsten Befürchtungen entstanden. Der Rückweg an den aufmerksamen Bewachern vorbei, mit den Fotos und den Kassetten in der Tasche, erforderte nochmals ziemliche Überwindung.
Wir fuhren zu Jens Reich nach Pankow und die Prozedur wiederholte sich. Parken, Fußmarsch zum Haus, Ausschauhalten nach Überwachern. Zu unserer unendlichen Erleichterung wurde uns diesmal geöffnet. Jens Reich war zu irgendwelchen Fernsehinterviews unterwegs. Seine Frau nahm unseren Bericht und das Material entgegen.
Wir vereinbarten, es auf sicherem Wege einer westlichen Station zugänglich zu machen. Wir versuchten, die neue Qualität der ersten friedlichen Demonstration in Dresden zu betonen und baten, daß dies in der Berichterstattung als Beweis für Ernsthaftigkeit und Konstruktivität einer breiten Opposition Wert bekommen sollte. Der Umschlag wurde in einem sicheren Zwischenversteck verstaut.
Frau Reich erzählte von den Berliner Vorgängen. Brutaler Polizeieinsatz. Verhaftungen. Unter anderen war die Tochter von Christa Wolf festgenommen worden. Die Spannung hatte einen ersten Höhepunkt erreicht. Würde es zu offener Gewalt kommen?
Später traf Jens Reich ein. Und wir sprachen über die Möglichkeiten und Chancen des Neuen Forum, darüber, was nun als nächstes zu tun sei. Wir nahmen Listen mit Kontaktadressen und Informationsmaterialien mit nach Dresden zurück.
Die Rückkehr führte an der Gethsemane-Kirche vorbei. Mannschaftswagen der

VP hatten die Straße zur Hälfte abgeriegelt. Im Vorbeifahren waren brennende Kerzen zu sehen.«

Die Zwillinge Julius und Sebastian Hempel sind am Abend mit dem Moped auf dem Weg ins Kino. Im Dresdner Stadtzentrum angekommen, finden sie sich in einer Gruppe von Jugendlichen wieder, die in stillem Protest auf der Prager Straße verharren. Beide berichten:

Julius: Ohne daß eine Provokation erfolgte, wurde ich zu einem LKW geschafft. Von Polizisten bewußtlos geschlagen, kam ich auf die Ladefläche. Dort fand ich mich inmitten von etwa 20 Menschen, zitternd, keines Wortes fähig, von zwei Polizisten bewacht. Ab und zu knüppelten sie grundlos und wahllos auf uns ein, auch als der Wagen losgefahren war. Nach zehn Minuten kamen wir an einem unbekannten Ort zum Halten. Wie die anderen auch wurde ich vom LKW runtergeschmissen und hatte durch eine ca. 20 Meter lange Gasse von Polizisten zu laufen, die mich schlugen. Schließlich gegen ein Eisentor geschleudert, durchsuchten sie mich. Dann wurden wir in eine Halle getrieben. Unter Schlägen hatte ich breitbeinig mit der Stirn an eine verputzte Wand gelehnt, die Hände im Nacken verschränkt, zu stehen. Dabei wurden wir angeschrien und bei jeder kleinen Bewegung setzte es Knüppelhiebe. Ein Mann mittleren Alters brach zusammen. Er wurde von den Polizisten brutal geschlagen und weggeschleift. Ein anderer Mann sagte, er sei Diabetiker. Auch er wurde dafür verprügelt. In jäher Angst um mein bißchen Leben holte ich alles aus mir raus, um nicht schlapp zu machen. Ich hatte Angst vor den Stiefeltritten und Knüppelhieben. Drei Stunden standen wir in dieser Position. Dann wurden die Personalien aufgenommen. In Handschellen führte man uns zum Gefängniswagen. Dort sah ich meinen Bruder wieder. 02.00 Uhr traf der Transport in Bautzen ein. Wieder Spießrutenlaufen. In der alten Gefängniskirche wurden wir in Bänke gezwängt und scharf bewacht. Ich wurde wohl unzählige Male grundlos geschlagen und unflätig beleidigt. Ausdrücke waren unter anderem »reaktionäres Schwein« und »solche Ratten wie du haben kein Recht«.
Sebastian: Vor dem Kino Prager Straße empfing uns ein festlicher Anblick – es war ja der 7. Oktober – von Hunderten Polizisten mit heruntergeklapptem Visier, ausgerüstet mit Schilden und Schlagstöcken. Die Straße war abgeriegelt und die Polizei war dabei, auf die Passanten einzudrängen. Es fiel kein Stein, wie noch am 4. Oktober! »Dein Ausweis, du Schwein!«, packte mich einer von hinten an den Haaren und riß mich zu Boden. An den Haaren zog er mich zum LKW. Dort lag mein Bruder schon völlig zusammengeschlagen … Nach der Tortur im Polizeigewahrsam ging es in Bautzen weiter. 61 Mann in einem Raum, für alle zwei Toiletten und vier Waschbecken. Drei Betten standen übereinan-

7. OKTOBER 1989

der, und trotzdem hatten nicht alle Platz. »Jetzt machen wir Chile mit euch!« sagte ein Wächter.

Dr. Steffen Müller, Prager Straße, gegen 22.00 Uhr:

»Ich wurde als Zeuge einer gewaltfreien Willensbekundung Tausender grundlos festgenommen. Vor den Stufen des Kinos Prager Straße kamen zwei Zivilisten auf mich zu und zerrten mich durch die Polizeisperre. Ich erhielt einen mit Kraft geführten Knüppelhieb auf den Kopf, und mir wurde der Personalausweis abgenommen. Ich wurde gezwungen, einen Mannschaftswagen der Bereitschaftspolizei zu besteigen. Obwohl Sitzbänke vorhanden waren, mußte ich mich wie auch andere Festgenommene auf die Ladefläche setzen. Nach Drohungen, das sei erst das Vorspiel, wurde bald ernst gemacht. Zwölf Festgenommene, darunter zwei junge Frauen, mußten das Fahrzeug verlassen und durch eine Gasse von Bereitschaftspolizisten laufen, die wahllos auf sie einschlugen. Auf der Ladefläche saßen Polizisten mit Gummiknüppeln, die auf alle einprügelten. Ich wurde in der Bedeutung des Wortes zu Boden geschlagen. Doch selbst auf der Ladefläche liegend, wurde weitergeknüppelt. Schluchzen, Wimmern, Stöhnen, Angstrufe – das waren die Laute, Worte gab es nicht mehr. Ich zwängte den Kopf unter die Sitzbank, um vor den Schlägen Schutz zu suchen. Einer schrie erbärmlich auf, es mußte weithin hörbar sein. Die Bereitschaftspolizisten schlugen auf ihn ein, bis er verstummte. Über meinem Körper lagen andere. Gliedmaßen begannen einzuschlafen, ein Bein war wie festgenagelt. Unter großen Schmerzen lag ich unter den Leibern. Der Ort des Geschehens war immer noch die Prager Straße, an der hinteren Ecke des Centrum-Warenhauses. Die Prügelgarde war im Unterführerrang. Nach 15 endlosen Minuten Prügelorgie wurden wir abtransportiert. Auf der Sitzbank über meinem Kopf patrouillierte ein Polizist, solange der Wagen noch stand. Während der Fahrt bewachte uns ein Hund ohne Maulkorb. Per Sprung oder hinabgeworfen kamen wir im Bepo-Hauptquartier an, wo wir uns mit im Nacken verschränkten Händen aufstellen mußten. Wir wurden in brutaler Weise geschlagen und auf die Füße getreten. 03.15 Uhr ging es per ›Grüner Minna‹ nach Bautzen. 38 Stunden dauerte es bis zur Freilassung, Zeugen sind vorhanden. Der Vernehmer hieß Herr Birken.«

Dr. Werner Ritter berichtet:

»Am Sonnabend, dem 7. 10., dem Nationalfeiertag der DDR, bin ich mit meiner Tochter Pia gegen 23.00 Uhr auf dem breiten Plattenweg westlich vom Lenindenkmal in Richtung Wiener Straße und dann in Richtung Hauptbahnhof ge-

FÜNFTER TAG

gangen. Mein Auto stand hinter dem Bahnhof, wir wollten nach Hause fahren. Glücklich darüber, daß endgültig in der Stadt keine Steine mehr flogen, daß die Polizei und die anderen uniformierten Kräfte nicht mehr wahllos Menschen herausgriffen, auf sie einschlugen und festnahmen, zündeten wir beide eine Kerze an und trugen diese in unseren Händen. Etwa gegen 22.00 Uhr hatten wir beide vom Külz-Ring kommend am Eingang zur Prager Straße bereits mit anderen Passanten Kerzen angezündet und in der Hand gehalten.

Jetzt auf den Bahnhof zugehend, waren wir zwei völlig allein. Niemand war in unserer Nähe. Wir näherten uns der Wiener Straße. Parallel zur Straße standen in einer Kette Uniformierte, offensichtlich um den Bahnhof großräumig ›unter Kontrolle‹ zu haben. Einer der Uniformierten kam auf uns zu und forderte uns auf: ›Machen Sie die Kerzen aus‹. Wir: ›Was haben Sie gegen unsere Kerzen?‹. Zweite Aufforderung zum Ausmachen der Kerzen. Wir: ›Sie brauchen doch vor unseren Kerzen keine Angst zu haben‹. ›Sie sind festgenommen‹. Aus der Reihe der Uniformierten sprangen weitere hinzu, drehten mir die Arme nach hinten. Ich: ›Hören Sie auf damit, ich gehe freiwillig‹. Daraufhin wurde ich links und rechts mehr untergehakt, ein Arm nur war locker auf dem Rücken. Pia wurde aufgefordert zu verschwinden; sie bestand darauf mitzugehen.

Wir wurden zum Fahrkartenhaus des Busbahnhofs geführt; dort mußte ich mich in Polizeistellung (ausgestreckte Arme an die Wand, Beine gegrätscht und abgespreizt) hinstellen, Pia nur ganz kurz, sie durfte sich dann setzen. Mir wurde in dieser Stellung sämtlicher Tascheninhalt abgenommen. Den Personalausweis mußte ich abgeben, das andere Eigentum durfte ich wieder einstecken. Dann wurden wir aufgefordert: ›Hier hoch‹; zusammen mit zehn Männern bestiegen wir einen LKW, ohne Schläge, Pia blieb auf der Bank sitzen. Wir fuhren ab, etwa von acht Polizisten in der üblichen Ausrüstung: Gummiknüppel, Schild, Helm, Visier, begleitet.

Bei der Fahrt konnten wir aus dem LKW hinten hinaussehen, im Gegensatz zu manch anderem ›Transport‹ an diesem und anderen Tagen, wo die Inhaftierten am Boden eingeengt hocken mußten und jedes Kopfheben mit dem Gummiknüppel quittiert wurde. Die Fahrt ging über die Otto-Buchwitz-Straße links in die Dr.-Kurt-Fischer-Allee auf einen Kasernenhof. Dort standen wir ca. 5 Minuten im Dunklen. Kommando: ›Los runter!‹. Runterspringen vom LKW. ›Hände in den Nacken, mit der Stirn hier an die Wand.‹ Verschärfte Polizeistellung, nicht mit den Händen an der Wand, sondern mit der Stirn an einer Blechgaragentür. Die Hände im Nacken. Ich stand offensichtlich mit den anderen Mitfahrern des LKW an den Garagentüren. Jeder einzelne von uns hatte hinter sich seinen Bewacher und Befehler: ›Kopf unten lassen, sonst gibt's was‹, ›Jacke runter, Pullover runter, Hemdsärmel hoch, Hosen runter, Hosen wieder hoch, Schuhe aus (ich stand in einer Pfütze), Tascheninhalt rauslegen (in den

Schmutz), Schuhe wieder an, laß den Kopf unten‹, ringsum Hundegebell, ein Schlag links und rechts bei meinen Nebenleuten. Zeitdauer ca. 15 Minuten. ›Senkrecht hinstellen, Arme im Nacken, Kopf unten, Beine breit‹. Jacke und Pullover wurden zwischen Kopf und Hände geklemmt, der Personalausweis zwischen die Finger. ›Nach links nachrücken‹, wer's nicht gleich kapierte, bekam einen Schlag. Ich habe niemanden neben mir erkannt, noch konnte ich feststellen, wer hinter mir stand, ob er eine Uniform trug oder nicht. Dann wurde ich am Hemdkragen gepackt, so daß der zweite Knopf von oben (den Kragenknopf hatte ich offen) straff an meiner Kehle anlag. Ich wurde in eine Garage ›geführt‹, fand mich vor einem Tisch wieder. ›Name, Geburtstag‹. Pullover und Jacke anziehen. Mein Eigentum durfte ich wieder in die Taschen stekken. ›Stell dich hier dahinter‹. Breitbeinig, Hände im Nacken, stand ich hinter einem Vordermann. In der Garage: ›Laßt den Kopf unten‹, Hände im Nacken, ›Laufschritt‹, ›Kopf unten lassen‹. Ich guckte unter meiner Stirn hervor. Es ging über den Kasernenhof in ein anderes Gebäude, dort Treppen hinunter, linksrum, rechtsrum, Treppe hoch, ein Gang, Hände an die Wand, Polizeistellung, ca. 30 Minuten. ›Schön die Hände runternehmen, wir wollen doch die Wand nicht schmutzig machen‹. Die Hände sollten auf dem Ölsockel sein, damit die Lage recht schräg und schmerzhaft ist. Wie ich später von meinen Mitgefangenen erfuhr, haben manche 2 Stunden so gestanden; schon in der Garage sind welche vor Entkräftung nach vorn unten durchgerutscht, manche haben auch mit der Stirn an der Wand zwei Stunden gestanden.

Dann ging es in einen kleinen Raum, ca. 30 bis 40 Leute, senkrecht stehend, die Hände auf dem Rücken, Blick zur Wand, kein Reden, von 01.30 Uhr bis 06.30 Uhr, also 5 Stunden. Zwischendurch wurde in einem anderen Raum noch einmal der Name notiert und die Arbeitsstelle, sämtlicher Tascheninhalt auf den Tisch gelegt, Gürtel der Hose abverlangt; über die persönlichen Gegenstände wurde ein Protokoll ausgefertigt. Es wurde notiert, daß ich 40,– Mark bei mir hatte. Der Vernehmer fragte, ob ich in der Kirche sei (in meinem Portemonnaie habe ich in einem ›Fensterchen‹ die Jahreslosung von 1987 ›Die Gabe Gottes ist das ewige Leben in Christus Jesus, unserem Herrn‹). Ich bejahte die Frage. In diesem Zimmer waren vier Schreibmaschinentische; an den Schreibmaschinen saßen Frauen in Uniform, nach meiner Erinnerung grüne Uniformen mit braunen Strichen, also offensichtlich eine Kampfuniform, auf alle Fälle mit Achselklappen. Die Frau mir gegenüber hatte vier Sterne, die Achselklappe war auch dunkel. Der Mann, der mich befragte, auch in gleichfarbiger Uniform, älteres, faltiges Gesicht. Mein erster Gedanke: wahrscheinlich schon Rentner, vielleicht standen Leute aus der Kampfgruppe vor mir; das war aber nur ein Gedankenblitz. Ich fragte den Mann: ›Was ist hier los, was haben sie vor?‹ ›Weiß ich nicht‹. Am Busbahnhof, das muß ich hier nachtragen, machte ich auch einen Versuch, schon auf dem LKW: ›Wer ist hier der Verantwortliche? Ich habe nur eine Kerze angezündet, ich will hier wieder weg!‹ ›Sei still, hier wird nicht gequatscht!‹

Fünf Stunden stehen in einem Raum, die Luft wurde unerträglich. Ich zog meinen Anorak aus und legte ihn hinter mich auf einen Tisch, ging gut. Manche durften auf die Toilette gehen, man konnte aus Pappbechern was trinken. Viele stöhnten schwer, manche murrten laut ›ich kann nicht mehr stehen‹. ›Da kriegste eine Spezialbehandlung‹, ›auf der Prager Straße konntste doch auch stehen‹. Welche durften sich setzen. Ich versuchte, wie schon bei den vorhergehenden ›Behandlungen‹, nicht zu verkrampfen, immer wieder ganz bewußt die Wirbelsäule zu entlasten, mich in den Hüften zu bewegen, die Schulter unauffällig zu rollen, das hat mich über die Stunden gebracht. Vor mir hatte ich an der Wand zwei Grafiken, Pillnitz und die Brühlsche Terrasse, auch das lenkte ab. 06.30 Uhr alle aus dem Raum raus. Treppen runter, so eine Art Garagenausfahrt, Männer wieder in gespreizter Beinhaltung. Aufsitzen auf einen LKW, Gefängniswagen, vier separate Zellen, ein 18jähriger und ich waren die letzten der insgesamt 32 Männer, alle in Handschellen, nur wir zwei letzten nicht. Vor uns quer eine Bank mit einem Bewacher. Abfahrt, mein Gedanke: Schießgasse und dann nach Hause, 9.30 Uhr bist du im Gottesdienst (zu Gast der Bischof von Stockholm).

Die Fahrt ging landwärts, Autobahn, Bautzen, 07.30 Uhr im Gefängnishof, ca. 15 Minuten warten. Absitzen und Spießrutenlauf durch Gefängnisbeamte, treppauf, Gänge entlang, auch hier Schläge mit dem Gummiknüppel in die Beine, in die Nierengegend. Ich bekam keinen Schlag, mit den Händen im Nacken versuchte ich, keinen falschen Schritt zu machen.

Wir 100 Männer wurden im Kirchensaal, besser dem ehemaligen Kirchensaal, ›plaziert‹, immer auf Lücke, Redeverbot. Ich saß in der letzten besetzten Reihe, überblickte die Szene. Durch Armhochnehmen konnte man anzeigen, daß man die Toilette benutzen wollte. Diese befand sich am oberen Ausgang des steil aufsteigenden Saales. In den Bankreihen konnte man zunehmend ›gelöster‹ sitzen, den Kopf auf die Bank legen, auch mal kurz schlafen. Der Raum, besser die Fenster des Raumes, waren mit schwarzen Zuhängen verdunkelt, es brannte schwaches Licht. Ich versuchte wieder einer körperlichen Verkrampfung entgegenzuwirken durch unauffällige ›Bewegungen‹ auf meinem Sitz.

Bis Mittag tat sich nichts. Dann wurden in großen Abständen die Leute einzeln aufgerufen. Hände im Nacken, Laufschritt, zynische Rufe der Bewacher: ›Schlaf nicht ein, sonst machen wir dich munter‹. Ansprechen per Du seit dem Verladen auf den LKW am Busbahnhof. Viele zynische Bemerkungen im Laufe des Tages habe ich weggelassen, etwa auch beim fünfstündigen Stehen im Raum im Kasernenkomplex: ›Warum stehen denn die Männer hier, die Stühle sind wohl kaputt?‹ Ich überblickte die Leute aus meiner letzten Reihe. Ein Mann war älter als ich, vielleicht einer gleichaltrig, dann wenige Mitte Dreißig, mehr Mitte Zwanzig, aber die meisten um die Zwanzig, auch jünger. Einem 18jährigen neben mir flüsterte ich Mut zu, machte ihn auf die Wichtigkeit der bevorstehenden Vernehmung aufmerksam.

16.15 Uhr begann meine Vernehmung, nach Durchqueren etlicher Gänge und Treppen, immer mit den Händen im Nacken. Der Vernehmer in Zivil, Mitte bis Ende Dreißig. Er unterschrieb das Protokoll mit ›Zobel‹. Ich war mit ihm allein, saß ihm gegenüber dem Schreibmaschinentisch. Er fragte mich, was zu meiner Festnahme geführt hat. Die Protokollierung dauerte $1^{1}/_{4}$ Stunden und umfaßte zwei DIN A 4-Seiten. Der Vernehmer empfahl mir, mich über meine Inhaftierung/Festnahme zu beschweren. Ich habe in das Protokoll zwei Sätze aufnehmen lassen, etwa so: ›Die Nichtigkeit meiner Handlung rechtfertigt nicht meine bisherige 18-stündige Festnahme. Die bisherige Behandlung war menschenentwürdigend‹.

Abführen, über Gänge, durch Gittertüren, an Gefängniszellen vorbei, mir begegneten Inhaftierte in Gefängniskleidung, Treppe abwärts, Keller vermutlich, Aufschließen einer Zellentür. Ca. 20 Männer/junge Erwachsene standen mit dem Rücken zur Tür aufgereiht, die Hände im Nacken verschränkt. Zellentür zu, alle drehten sich nach mir, ich erkannte welche, die mit mir auf dem LKW ab Busbahnhof waren und welche, die mit mir im Zellenauto nach Bautzen gefahren worden waren. Uhrzeit 17.30. Die Zelle ausgerüstet mit 11 Dreifachstock-Betten, also für 33 Menschen, wenige schmale Schränke, vier, fünf Tische, 15 Hocker. Souterrain-Lage, beim Stehen auf dem Hocker konnte man einen großen Hof mit gepflegtem Rasen, drei großen Kastanien und im gegenüberliegenden Gebäude einen Küchentrakt erkennen. Als linke Begrenzung auch viergeschossiges Gebäude mit Zellen. In meiner Zelle waren vier bis fünf Männer schon einen Tag länger da, ich war der Älteste, einer 33 Jahre alt, einige wieder Mitte Zwanzig, die meisten um die Zwanzig. Als Festnahmeursache wurden mir genannt: ›Ich stand an der Straßenbahnhaltestelle und wurde mitgenommen.‹ Der Junge hatte ein paar schäbige Jeans an. Er saß ziemlich verzweifelt da. ›Ich habe mich beim Verhör in die Enge treiben lassen und habe viel zu viel erzählt. Es ist mir gesagt worden bei der Vernehmung, daß ich mit einem Jahr zu rechnen habe.‹ Ich habe mich seiner bißchen angenommen, am Montagabend dann seine Eltern informiert, wo ihr Junge ist; seine Verhaftung hatte sein Freund bereits den Eltern mitgeteilt. Zwei junge Leute (Mitte Zwanzig) waren beim Verlassen des Bahnhofs aufgefordert worden, ihre Personalausweise vorzuzeigen und wurden ebenfalls grundlos zugeführt. Sie waren mit mir auf dem LKW und jetzt in der Zelle. Einer war dabei, der mit in dem Straßenbahnzug saß, aus dem ein Mitfahrender aus dem Fenster (beim Stehen des Straßenbahnzuges auf der

Leningrader Straße) herausgerufen hatte: ›Ihr Polizistenschweine, haut ab!‹. Daraufhin war der Straßenbahnanhänger von der Polizei geräumt worden, alle mußten sich bäuchlings auf die Straße legen und wurden später abtransportiert. Viele meiner Mitinsassen konnten Schlagspuren vor allem an den Beinen vorzeigen, einer sagte: ›Ich habe auf dem A... lauter Striemen‹.
Gegen 20.00 Uhr (geschätzte Zeit, denn die Uhren wurden erst bei der Vernehmung abgenommen; der Vernehmer hatte übrigens wieder alles Eigentum vor sich liegen, hatte mich wieder gefragt, ob ich in der Kirche sei und wollte von mir ganz genau wissen, wie das sei mit der brennenden Kerze als ein Zeichen der Gewaltlosigkeit und der Hoffnung und hat meine Aussagen dazu exakt aufgeschrieben) bekamen wir Brot (für jeden 2–3 Scheiben), Margarinebecher und Plastelöffel zum Beschmieren.
23.00 Uhr, geschätzte Zeit, habe ich mich endgültig hingelegt, Toilettenbenutzung war in einem Nebenraum möglich, auch gab es Waschmöglichkeiten mit ausliegender Seife. Das Zellenlicht blieb brennen, genügend Decken waren da.
Montag (09. 10.) 5.00 Uhr Wecken durch Radioprogramm über Lautsprecher (war angestellt bis 13.00 Uhr), Berliner Rundfunk. Früh wieder Brot, Margarine, Hauskaffee.
Die einen Tag länger Inhaftierten wurden nacheinander herausgeholt, kamen nach ca. 30 Minuten wieder. Man hatte Haftbefehle ausgesprochen, einige von ihnen fotografiert. Gegen Mittag gab es eine gutschmeckende Kartoffelsuppe. Ca. ab 13.00 Uhr wurden Männer herausgerufen und kamen nicht wieder. Ich wurde gegen 15.00 Uhr herausgerufen, wieder durch viele Gänge geführt in ein Zimmer, mein Eigentum wurde mir wiedergegeben, ich mußte quittieren. Auf der Quittung stand ›Bautzen 1‹ Mein Personalausweis wurden mir überreicht: ›Ihnen konnte keine strafbare Handlung nachgewiesen werden, Sie können nach Hause gehen.‹ Meine Frage: ›Was wird mit meinem heutigen Arbeitstag?‹ ›Ihr Betrieb muß den Tag Ihnen wie einen richtigen Arbeitstag anrechnen.‹ Das habe ich dann meinen 10 Mitfreigelassenen gesagt. Alle wollten einen Tag Urlaub nehmen. Ich habe vielen in meiner Zelle gesagt: meldet euch mal am Sonnabend früh 10.00 Uhr in der Kreuzkirche und laßt euch registrieren und beraten, wie ihr euch verhalten sollt.
Nach Durchschreiten zweier Höfe und Tore das letzte Gittertor. ›In dieser Richtung ist der Bahnhof.‹ Tor hinter uns zu. Es fuhr bald ein Zug. Ich war 17.00 Uhr in Dresden (Hauptbahnhof).
Ein weiterer Mitgefangener hatte mich in der Zelle angesprochen: ›Du bist in der Kirche? Ich muß dich schon irgendwie gesehen haben‹. Wir zwei beteten für uns. Mein Glauben, meine Familie im Hintergrund, die Gewißheit, daß viele an mich denken, haben mir über die Stunden geholfen.

Sechster Tag 8. Oktober 1989

An diesem Sonntag drahtet SED-Generalsekretär Honecker an seine ersten Bezirkssekretäre, so auch an Hans Modrow in Dresden:

Generalsekretär des Zentralkomitees der
Sozialistischen Einheitspartei Deutschlands Berlin, 8.10.1989

Im Verlauf des gestrigen Tages kam es in verschiedenen Bezirken, besonders in Berlin, Leipzig, Dresden, Karl-Marx-Stadt, Halle, Erfurt und Potsdam, zu Demonstrationen, die gegen die verfassungsmäßigen Grundlagen unseres sozialistischen Staates gerichtet waren. Vor allem in Dresden, Plauen und Leipzig trugen sie den Charakter rowdyhafter Zusammenrottungen und gewalttätiger Ausschreitungen, die unsere Bürger in höchstem Maße beunruhigen. Es ist damit zu rechnen, daß es zu weiteren Krawallen kommt. Sie sind von vornherein zu unterbinden. Deshalb sind folgende Aufgaben durchzuführen:

1. Sofortige Zusammenkunft der Bezirkseinsatzleitungen, in der die Lage im Bezirk eingeschätzt wird und entsprechende Maßnahmen festgelegt werden;
2. Unverzügliche Information der Partei-, Gewerkschafts- und FDJ-Funktionäre sowie der Mitarbeiter der staatlichen Organe über die Lage im Bezirk bzw. im Kreis und Erläuterung der Aufgaben zur offensiven politisch-ideologischen Arbeit in allen Bereichen des gesellschaftlichen Lebens, damit diese Funktionäre unmittelbar vor Ort an der Unterbindung der Krawalle teilnehmen und offensiv in Erscheinung treten;
3. Veröffentlichung entsprechender Mitteilungen und sachlicher Berichte über stattgefundene Krawalle in allen Bezirkszeitungen der Partei, verbunden mit Stellungnahmen von Arbeitern und anderen Werktätigen;
4. Tägliche Information an die Abteilung Parteiorgane des ZK über die Lage und eingeleitete Maßnahmen (jeweils bis 6.00 Uhr mit Stand von 4.00 Uhr bzw. sofort).

Erich Honecker

Sollte der Theaterplatz in Dresden Platz des Himmlischen Friedens werden? Die Aufforderung zur tags zuvor ausgefallenen Demonstration, vom Neuen Forum nie bestätigt, schwirrt weiter durch die Stadt. Nachmittags finden sich auf dem Theaterplatz an die Tausend Menschen ein.

Bischof Reinelt erinnert sich:

»Am 8. Oktober wurde uns von der Abteilung Kirchenfragen beim Rat des Bezirkes mitgeteilt, daß nachmittags auf dem Theaterplatz eine Demonstration geplant sei. Wir wurden aufgefordert, die Kathedrale entsprechend zu schützen. Ich habe daraufhin angeordnet, die Öffnung der Kathedrale nicht zu verändern, sondern auch an diesem Nachmittag beizubehalten wie üblich.
Auf einer Fahrt zu einer Sondersitzung der Berliner Bischofskonferenz wollte ich dann die Demonstration in Augenschein nehmen und fuhr am Terrassenufer in Richtung Theaterplatz. Dort waren bereits viele mit Schild und Schlagstock bewaffnete Volkspolizisten bereit zum Einsatz. Ich wurde nicht zum Theaterplatz durchgelassen, sondern von der Polizei auf die Friedrichsbrücke umgeleitet. Aber gerade dadurch geriet ich mitten in den Demonstrationszug. Ein katholischer Jugendlicher entdeckte mich im Auto und schrie laut ›der Bischof‹. Daraufhin rief die Gruppe der Demonstrierenden laut ›Der Bischof, der Bischof‹. Ich gab ihnen ein Zeichen meiner Sympathie und die Demonstranten bildeten bewußt eine Gasse, um mich weiterfahren zu lassen. Ich hatte dort den Eindruck, daß die Demonstranten von einer Gruppe Stasi-Beamter angeführt wurden, ohne daß es die Teilnehmer der Demonstration bemerkt hatten.«
(Bericht, Frühjahr 1990)

Unter den Demonstranten am Terrassenufer befindet sich Michael Schaarschmidt:

»Ich möchte meinen Bericht mit einem Dank an die Bevölkerung beginnen, deren Solidarität es bewirkt hat, daß wir überhaupt wieder freigelassen wurden. Ich will keinen Haß gegen die Polizei schüren, aber ich erhoffe mir durch die Öffentlichkeit dieser Zeilen, daß es zu solchen Exzessen nie wieder kommen möge.
Von Freunden hatte ich erfahren, daß am Nachmittag des 08.10. auf dem Theaterplatz eine Demonstration für Demokratisierung und Offenheit stattfinden sollte. Ungefähr 15.30 Uhr forderte die Polizei jedoch an der Dimitroffbrücke, Ecke Terrassenufer, die Menschen auf, entlang der Elbe abzuziehen. Langsam setzte sich ein Zug von etwa 600 Personen in Bewegung. Über das Terrassenufer und die Pillnitzer Straße ging es zur Striesener Straße und fast bis zum Fetscherplatz. Dort stoppte der Zug, und der Angstruf ›Polizei‹ erscholl. Ungefähr zwei Drittel der Demonstranten konnte sich in Gebüsche und Häuserblöcke flüchten. Um die restlichen schloß sich der Ring der Polizisten. Ein Mann in blauem

Hemd gab der Polizei Anweisungen. Die eingekesselten Menschen riefen ›Keine Gewalt! Keine Gewalt!‹. Die Polizei zog sich zunächst zurück, möglicherweise um weitere Anweisungen zu abzuwarten. Eine knisternde Atmosphäre hatte sich zwischen den Menschen in der Mitte und den Polizisten eingestellt. Gegenseitiges Belauern. Als LKWs rückwärts mit geöffneter Ladeklappe in den Polizeiring hineinstießen, wurde unser Schicksal klar: Abtransport! Einzeln, von den Polizisten unterschiedlich deutlich aufgefordert, bestiegen wir die LKWs. Wir befolgten die Anweisungen, ohne Widerstand zu leisten. In jedem Wagen wurden etwa dreißig Leute transportiert. Je sechs Polizisten und ein Hund bewachten uns. Ein Zielort wurde nicht mitgeteilt, so wie wir während der gesamten ›Zuführung‹ über den weiteren Ablauf im Unklaren gehalten waren. Ca. 18.00 Uhr kamen wir in einer Kaserne der Bereitschaftspolizei in der Nähe des Dr.-Kurt-Fischer-Platzes an. Die Orientierung fällt schwer, da die LKW-Plane während der Fahrt heruntergelassen war. Aussteigen. Männer und Frauen werden getrennt. Von Seiten der Polizei hier ein rüder, militärischer Ton. In aufgezwungener Körperhaltung hatten wir mit dem Gesicht zur Wand anzutreten. Beine gespreizt, Hände auf dem Rücken. Leibesvisitation. Registrierung. Keine Gegenstände, die zur Gewaltanwendung dienten. Knüppel hatte nur die Polizei.

Von etwa 18.30 Uhr bis 01.00 Uhr nachts, also sechseinhalb Stunden, hatten wir nun – nur mit einer kurzen Lockerung gegen 0.30 Uhr – ohne Unterbrechungen an der Wand zu stehen. In einer LKW-Garage bei annähernd Außentemperatur. Unbeweglich – Blick ›frei geradeaus‹. Wir sind an die neunzig Männer, darunter Minderjährige, Familienväter, auch ältere Jahrgänge. Zuerst werden wir von mindestens acht Bereitschaftspolizisten mit Schlagstöcken bewacht. Befehle: ›Blick zur Wand! Hände auf den Rücken! Gespräche einstellen!‹ Ein Offizier: ›Bewachtes Objekt. Fluchtversuch zwecklos.‹ Weitere Fragen könne er nicht beantworten. Im Laufe der Zeit gelingt es, die Haltung etwas zu entkrampfen und mit dem Nachbarn zu flüstern. Gegen 21.00 Uhr verschärft sich die Situation. Offiziersschüler stürzen in Felddienstuniform, mit klimpernden Knebelketten am Koppel und Gummiknüppeln in den Händen, zur Garage herein und drohen Gewalt an, wenn wir uns nicht exakt hinstellen und Haltung annehmen. Schläge gegen Schuhe und Beine unterstreichen die Aufforderungen, uns in extreme Stellungen zu bringen. Dabei werden Gummiknüppel vor das Gesicht gehalten. Wer nicht ordentlich steht, oder sich beschwert, wird ans Garagentor beordert und muß sich mit stark gegrätschten Beinen und den Händen im Nacken aufstellen und nur mit einem Teil der Stirn gegen das kalte Tor stützen. Schläge werden verteilt. Ein Herausgerufener schreit. Zusätzliche Strafe ist das ungeschützte Stehen in kalter Nachtluft. Strapazen des langen Stehens machen sich bemerkbar. Ein Mann, an der Wirbelsäule punktiert, hielt es nicht

VP räumt den Theaterplatz. 8. Oktober

*Beginn des Demonstrationszuges vom Theaterplatz aus.
8. Oktober*

Pillnitzer Straße. 8. Oktober

mehr aus. Ein anderer war vor vier Tagen am Knie operiert worden. Ein Dritter bekam Kreislaufstörungen. Nach mehrfachen Bitten durften sie sich abwechselnd auf zwei Stühle setzen.

Nach und nach werden wir gruppenweise aus der Garage in die Kaserne geführt. Belehrung: Bei Fluchtversuch polizeiliche Mittel bis zum Schußwaffengebrauch. Persönliche Utensilien werden registriert und bis auf das Taschentuch und die Kleidung abgenommen. Das Leben ohne Zeit beginnt. Erneute Leibesvisitation. Der Beamte sagt, wir sind heute noch viel zu gut behandelt worden, weil Sonntag ist ...

Wir sollen der Kripo zur weiteren Überprüfung überstellt werden. Mit System werden wir von einer Polizeieinheit zur anderen geschoben: Transportpolizei – Bereitschaftspolizei – Kriminalpolizei – Strafvollzug – Sicherheit. Ohne Anlaß, ohne geringsten Tatverdacht! Ich habe den Eindruck, Schwerverbrecher zu sein. Kurzer Aufenthalt im Besucherraum der Bereitschaftspolizei, Wohltat nach sechseinhalb Stunden stehen. Im LKW mit vergitterten Kojen geht es Richtung Strafvollzug. Während der Fahrt schon von Gefängnisbeamten bewacht. Absolutes Sprechverbot. Kondenswasser tropft von der Decke. Nach der Hitze nun Schwitzen, Ringen nach Luft. Den Fahrgeräuschen nach sind wir auf der Autobahn. Wohin wird man uns bringen? Trotz der Umstände komme ich ins Dösen. Schlafe ein. Etwa gegen 3.30 Uhr sind wir da. Wir müssen den LKW mit im Nacken verschränkten Händen und im Laufschritt verlassen. Aus dem Dunkel Hundegebell und rauhe Kommandostimmen. Beim Aussteigen der erste Schlag mit dem Gummiknüppel. Einer in den Nacken, so daß er hinfällt. Weitere Hiebe auf den Liegenden. Schnell hoch und durch das Spalier der Vollzugsbeamten ins Haus. Die Schergen treffen gezielt Nierengegend und Unterleib. Auch ich bekomme zwei Schläge, einem dritten kann ich ausweichen. Voller Überraschung finden wir uns in einem großen Raum wieder. Es ist die ehemalige Gefängniskirche. Nun sind wir endgültig kriminalisiert. Mir wird klar, daß wir uns im berüchtigten Bautzner Strafvollzug befinden. Zur ›Klärung eines Sachverhaltes‹ hinter Gefängnismauern und Zäune gesperrt? Ca. 150 Männer warten ins Ungewisse.

Mit je einem Platz Zwischenraum werden wir in die Bankreihen geschoben. Redeverbot. Rauchverbot. Wer einschläft, muß stehen. Auf die Toilette geht es mit im Nacken verschränkten Händen. Aufgeregt durch die intensiven Eindrücke, die massive Einschüchterung, Angst und Ungewißheit kann man nur dösen, nicht schlafen. Holzbänke, grelles Licht. Vier Strafvollzugsbeamte mit Gummiknüppeln und ständig klimpernden Zellenschlüsseln verfolgen einen bis in die Wachträume. Erste Vernehmungen. Durch schwarze Vorhänge, die die ganze Zeit über zugezogen bleiben, erkennen wir, daß es hell wird. Zwischen zehn und zwölf Uhr werde auch ich durch zwei Beamte verhört. Ein Kriminalist und

ein weiterer Zivilist, der nur lauscht. Meine Vernehmung war fair. Andere berichten im Flüsterton von Suggestivfragen: Gewalt wäre doch gar nicht zu vermeiden gewesen – bei dem verständlichen Zorn? Zumindest doch die Bereitschaft dazu vorhanden – schon aus Solidarität? Oder: Man habe doch gewußt, daß die Demo vom Westen vorbereitet war?
Weiter warten und dösen, bis 150 Menschen vernommen worden sind. 150mal Ungewißheit. 150mal Lebenszeit. Nach 20.00 Uhr das erste Essen. 24 Stunden ohne Nahrung. Dann stellt sich auch der Gefängnisarzt zur Verfügung. Wir mahnen an, daß eine Zuführung spätestens nach dieser Zeitspanne beendet werden muß. Durch Freilassung oder Vorstellung vor dem Haftrichter. Im Gesetzbuch vielleicht, wird höhnisch geantwortet, aber hier seid ihr woanders! Es können leicht drei Tage draus werden. 24 Stunden hat jeder ... Ich überlege, wie wohl die Eltern oder Bräute der Inhaftierten diese Zeit erlebt haben. Oder Kinder, wenn die Eltern beide nicht wiederkommen. Wer kümmert sich um sie?
Als geflüstertes Gerücht beginnt zu kursieren, uns drohe als Mindeststrafe ein halbes Jahr Knast! Die Gedanken fangen an zu kreisen. Erste Gruppen werden abgeführt. Wohin werden sie gebracht?
Auch ich werde 22.00 Uhr aufgerufen. Da in dem Gewühl meine persönlichen Utensilien nicht gefunden werden, kehre ich aus dem Gang im Erdgeschoß, wo ich darauf warten mußte, wieder in die Kirche zurück. Doch 24.00 Uhr erneuter Aufruf. Ich kann die Sachen quittieren. Nach $31^{1}/_{2}$ Stunden werde ich aufgeklärt, daß sich der Tatverdacht bei mir nicht bestätigt habe. Ich würde straffrei bleiben. Meine Frage, was ich im Betrieb sagen solle, wenn ich zu spät zur Arbeit komme, wird harsch beantwortet: Man solle anrufen. Schriftlich bekomme ich nichts in die Hand. Kurz nach Mitternacht öffnen sich die Gefängnistore.«
(Aus einem Gedächtnisprotokoll, Oktober 1989)

Pfarrer Andreas Horn beschreibt den Nachmittag und Abend dieses denkwürdigen 8. Oktober:

»Ich bin dann etwa 15 Uhr am Theaterplatz gewesen. Obwohl ich gewarnt worden war, überhaupt hinzugehen, auch noch mit den Kindern! Der Platz selbst war abgesperrt von einer Polizeikette. Als ich dort erschien, sagte mir jemand: Der Schießbefehl ist schon ausgegeben! Die Sicherheitskräfte hätten scharfe Munition. Inwieweit das stimmte oder auch ein Gerücht war, konnte ich später nie erfahren. Aber die Situation war doch sehr angespannt. Mir war irgendwie klar: an diesem Tag mußte es sich entscheiden, ob alles zu einem friedlichen Ende kommen könne. Auch die Polizei schien nervös zu sein. Auf dem Platz unmittelbar vor der Kathedrale und am Anfang zur ältesten Dresdner Elbbrücke

griffen die Uniformierten immer wieder einzelne anscheinend willkürlich heraus. Es war so, daß dann drei Mann auf die Leute zurannten, sie ergriffen und wegschleppten. Und man konnte nichts dagegen tun. Es war deprimierend.
Die Brücke war meines Wissens abgesperrt. So formierte sich eine größere Gruppe von Menschen, die vor dem Schloß stand, spontan zu einem Demonstrationszug. Wir sind dann mit hinunter ans Terrassenufer und weiter, an den Schiffsanlegestellen vorbei, Richtung Dr.-Rudolf-Friedrichs-Brücke gelaufen. Immer entlang an der Brühlschen Terrasse. Vielleicht waren es zweitausend Menschen.
Hauptsächlich wurde gerufen: ›Schließt euch an – wir brauchen jeden Mann!‹ Das war ja am Vortage schon sehr häufig gekommen. Aber viele waren doch sehr reserviert und guckten aus ihren Fenstern herunter. Der Demonstrationszug hat genau registriert, wenn jemand dazukam. Dann wurde geklatscht und gejohlt. Viele Zuschauer reihten sich die Elbe entlang und waren offenbar nicht bereit, sich anzuschließen. Die Polizei hat mehrfach versucht, den Zug aufzuhalten, am Ufer wurden Postenketten gebildet, die sich in den Weg stellen sollten. Das gelang aber nicht, weil der Demonstrationszug sehr spontan entschied, wie es weiterging. Zunächst hoch auf die Brücke, über den Platz, wo der Zug am Abend zuvor aufgelöst worden war, dann aber die Pillnitzer Straße entlang Richtung Fetscherplatz. Dort hatte die Polizei Lastkraftwagen quer gestellt und den Zug mit massivem Aufgebot gestoppt. Ich kam etwas später dort an und sah, wie ein großer Teil der Menschen bereits weggelaufen war. Etwa 300 Leute waren von der Polizei umringt. Es war auch ein Behinderter dabei in seinem Rollstuhl. Aber darauf wurde keine Rücksicht genommen. Diese Gruppe von Demonstranten hat es wohl auch sehr bewußt vollzogen, daß sie sich den Polizeikräften gestellt hat und festgenommen wurde.
Es versammelten sich sofort auf dem Fetscherplatz sehr viele Menschen, aber ihnen wurde der Blick verstellt mit den Lastautos. Irgendwie hatte ich den Eindruck, als wäre ein Rest von schlechtem Gewissen dabei ... Immer wieder auch die Aufforderungen, die Menschen sollten nach Hause gehen, sollten sich zerstreuen. Aber das Gegenteil geschah. Es kam in recht kurzer Zeit eine ziemliche Menge Menschen zusammen, die immer mehr auch Kerzen mitbrachten, sie anzündeten und hinstellten. Für jeden Festgenommenen eine Kerze, so schien es. Nachdem die Verhafteten fortgebracht worden waren auf die Lastkraftwagen, ging die Kette der Polizisten gegen die Menschen auf dem Fetscherplatz vor und trieb sie in die Borsbergstraße. Fetscher war ja der Arzt, der der Roten Armee mit einer weißen Flagge entgegengegangen war und dabei erschossen wurde ... Einige sangen leise ›We shall overcome‹.
Zwischen den Nachmittagsereignissen und dem Abend flackerten überall in der Stadt kleinere Protestkundgebungen auf. Die Leute trafen spontan in der Innen-

stadt zusammen und zogen in Richtung Prager Straße. Von der anderen Seite, vom Hauptbahnhof her, kamen weitere gezogen. Als ich in die Innenstadt kam, war der nördliche Demonstrationszug gerade auf der Prager Straße angelangt. Die Polizei hatte die Absicht, das war für mich zu erkennen, den Demonstrationszug zu teilen. Die Polizisten kamen hinter Bauzäunen hervor und sperrten alle Zugänge zur Prager Straße ab. So war ein Kessel inmitten der Brunnen entstanden, am Hauptbahnhof und Richtung Altmarkt wurden jeweils größere Menschenmengen abgedrängt. Ich gehörte zu den letzteren. Was sich darin abspielte, bekamen wir nur bedingt mit. Immer wieder wurden einzelne Menschen herausgegriffen und fortgeführt. Zum Teil waren auch Beamte in Zivil im Einsatz, das fiel mir jetzt stärker auf. Hundestaffeln verschärften die Situation noch. Es mußte eine Lösung gefunden werden, ein Dialog angebahnt, sonst würde etwas Schreckliches geschehen, soviel war mir wie wohl vielen klar, die an der Prager Straße ausharrten.

Was drin im Kessel geschah, kann man am besten dem Bericht von Kaplan Richter entnehmen, der im Gespräch mit einem Sicherheitsbeamten maßgeblich dazu beitrug, daß der Abend friedlich ausging.«

Kaplan Frank Richter:

»Am Sonntag, dem 8.10., befand ich mich auf der Prager Straße, als sich dort gegen 18.30 Uhr ein Demonstrationszug formierte und in Richtung Altmarkt in Bewegung setzte. Eine Handvoll vorwiegend junger Leute hatte ihn durch Klatschen und lautes Rufen ›Schließt Euch an, wir brauchen jeden Mann!‹ in Bewegung gesetzt; spontan hatten sich die auf der Prager Straße versammelten Menschen angeschlossen.

Ich selbst ging gemeinsam mit einigen Jugendlichen aus der katholischen Pfarrjugend der Kathedrale und der Pieschener Sankt-Josef-Gemeinde. Auf den Stufen angelangt, die zum Centrum-Warenhaus hinaufführen, konnte ich einen gewissen Überblick gewinnen: die Spitze des Zuges war bereits am Altmarkt angekommen; das Ende in Richtung Hauptbahnhof war nicht genau auszumachen. Dabei umfaßte der Demonstrationszug die gesamte Breite der Prager Straße.

Nachdem wir einige Minuten gelaufen waren, ertönten die ersten Sprechchöre: ›Schließt Euch an, wir brauchen jeden Mann‹, ›Gorbi, Gorbi‹, ›Keine Gewalt‹, ›Neues Forum‹, ›Wir bleiben hier!‹ u. a. An der Ernst-Thälmann-Straße angelangt, blockierte der Zug der Demonstranten den Autoverkehr und bog in Richtung Postplatz ab; von dort aus ging es hinüber zum Theaterplatz, wo von einzelnen Gruppen spontan die Internationale gesungen wurde. Die Menschenmenge zog weiter an der Kathedrale vorbei in Richtung Dimitroff-Brücke. Da ich noch etwas in der Kirche zu tun hatte, scherte ich aus und schloß mich erst dann wieder den Demonstranten an, als sie wieder auf der Ernst-Thälmann-Straße in Höhe des Kulturpalastes angekommen waren und in Richtung Prager Straße abbogen. Soweit ich die Demonstration verfolgen und einen Überblick gewinnen konnte, lief sie völlig gewaltfrei und ohne Ausschreitungen ab.

Als nun die Spitze des Zuges wieder am Centrum-Warenhaus angelangt war, traten die ersten Einheiten der Polizei in Erscheinung. Ohne Vorwarnung kam ein Trupp mit Helmen, Schilden und Gummiknüppeln ausgerüsteter Polizisten aus Richtung Rundkino auf uns zugerannt. Dabei schlugen die Polizisten mit Knüppeln auf ihre Schilde; Anblick und Lärm dieser Aktion trieb die an der Spitze des Zuges laufenden Demonstranten in die Flucht. Die Nachfolgenden rückten jedoch nach, so daß es der Polizei nicht gelang, den Demonstrationszug aufzulösen.

Als ich gegen 20.00 Uhr auf der Prager Straße ankam, sah ich, daß sich viele Menschen auf die Straße gesetzt hatten. Die Menge, die ich überblicken konnte, füllte die gesamte freie Fläche der Straße. Später erkannte ich, daß sich weitere Demonstranten am Lenindenkmal und hinter dem Hotel Newa in Richtung Leningrader Straße versammelt hatten. In der Höhe des Hotels Newa sperrten Polizisten den Weg ab; sie standen Mann an Mann und trugen die oben bereits erwähnte Ausrüstung. Der Abstand zur ersten Reihe der sitzenden Demonstranten betrug höchstens 50 Meter.

Ich mußte davon ausgehen, daß die Polizei erneut versuchen würde, die Demonstration unter Einsatz gewaltsamer Mittel aufzulösen und bat deshalb den in meiner Nähe stehenden Kaplan Andreas Leuschner, mit mir gemeinsam zu den Polizisten hinüberzugehen.

Zunächst sprachen wir einzelne Polizisten an und fragten sie nach dem Einsatzleiter; die meisten der Befragten erwiderten nichts oder antworteten nur undeutlich. Nach mehreren Vesuchen bat uns ein höherer Polizeibeamter durch die Postenkette hindurch und verwies uns an einen verantwortlichen Beamten in Zivil. Diesem, einem relativ jungen Mann, trugen wir das Anliegen vor, die Polizei möchte von Gewaltanwendung absehen, da auch von Seiten der Demonstranten keine Gewalt ausging. Wir forderten ihn auf, sich um einen kompetenten Gesprächspartner von staatlicher Seite zu bemühen; wir würden unterdessen mit den Demonstranten sprechen und sie nach ihrer Gesprächsbereitschaft befragen. Auf diesen Vorschlag ließ sich der Beamte nach anfänglichem Zögern ein.

Wir gingen zurück zu den Demonstranten, die bis dahin in Stille abgewartet hatten. Ich wollte versuchen, die Menschen über das erfolgte Gespräch zu unterrichten, mußte dazu aber unmittelbar vom großen Springbrunnen aus sprechen, der durch seine Überlaufbecken stark rauschte. Mit großer Freude wurde

126

Fetscherplatz. Einkesselung und Festnahme durch VP.
8. Oktober

aufgenommen, daß sich der Springbrunnen genau in dem Moment ausschaltete, als ich zu sprechen begann.
Ich forderte die Demonstranten auf, 10 Vertreter für ein möglicherweise zustandekommendes Gespräch zu bestimmen. Eine große Zahl Menschen stand spontan auf; viele von ihnen mußten von uns wieder zurückgeschickt werden, da die große Anzahl einem sinnvollen Gespräch entgegengestanden hätte. Etwa 20 Personen blieben zurück: eine spontan zusammengekommene Gruppe. Ich forderte die Demonstranten auf, diese als ihre Vertreter zu bestätigen, was durch starken Beifall geschah. Danach bat ich die versammelten Menschen darum, Themen und Forderungen für das Gespräch zuzurufen. Folgende wurden genannt, durch den Beifall der Menge bestätigt und von einem Mitglied der Gruppe notiert: Reisefreiheit, Pressefreiheit, Einführung eines Zivildienstes, Legalisierung des Neuen Forums, offener und gewaltfreier Dialog in der Gesellschaft, Wahlfreiheit, Recht auf friedliche Demonstrationen, Freilassung der politischen Gefangenen, besonders jener, die in den letzten Tagen in Dresden inhaftiert wurden.
Die Gruppe verständigte sich nun über die Bedingungen, unter denen sie zu einem Gespräch bereit sein würde. Diese wurden dem Zivilbeamten mitgeteilt: Das Gespräch müsse morgen (d. h. am Montag, dem 9.10.) stattfinden und die Ergebnisse bereits am Abend auf der Prager Straße bekanntgegeben werden. Als Gesprächspartner wurde Oberbürgermeister Berghofer genannt. Bei Zusage der Erfüllung dieser Forderungen seien die Demonstranten bereit, nach Hause zu gehen. Des weiteren wurde dem Beamten eine Liste mit Namen und Anschriften der 20 Vertreter übergeben. Unter ihnen befanden sich Frauen und Männer, Vertreter verschiedener Altersstufen und unterschiedlicher Berufsgruppen: Arbeiter, Ingenieure, Studenten, Lehrlinge, Angestellte u. a.
Im Anschluß daran wurde uns erlaubt, durch die Postenketten hindurch die Demonstrationsgruppen am Lenindenkmal und hinter dem Hotel Newa zu informieren. Auch diese bestätigten durch ihren Beifall die genannten Anliegen und die Bitte um absolute Gewaltfreiheit. Mir persönlich wurde für die Verhandlungen mit den Demonstranten zweimal von der Polizei ein Megaphon zur Verfügung gestellt, da das natürliche Stimmvolumen nicht ausreichte, alle zu erreichen. In der Zwischenzeit kam in der Gruppe der 20 Vertreter der Gedanke auf, die Polizei um ein sichtbares Zeichen zu bitten. Einer vermittelte den Vorschlag, die Polizisten mögen ihre Schilde ablegen. Dies geschah und wurde von den Demonstranten mit Beifall aufgenommen.
Nach ungefähr 15 Minuten übermittelte uns der Zivilbeamte die Antwort der staatlichen Stellen: Ein Gespräch mit Oberbürgermeister Berghofer könne am nächsten Morgen 9 Uhr im Rathaus stattfinden, die Bekanntgabe der Ergebnisse müsse jedoch abends in kircheneigenen Räumen erfolgen.

Nach Bekanntgabe dieser Information an die Demonstranten einigte sich die Gruppe, diese Bedingungen zu akzeptieren. Wegen der Bereitstellung kircheneigener Räume bat ich um die Möglichkeit, telefonieren zu können. Als ich dazu das Hotel Newa betreten wollte, wurde mir jedoch von einem Polizisten mitgeteilt, daß in wenigen Minuten Superintendent Ziemer kommen würde, mit dem die weiteren Dinge besprochen werden könnten.

Wie ich später erfuhr, hatte es zu dieser Zeit ein Gespräch von Landesbischof Hempel, Superintendent Ziemer und Oberlandeskirchenrat Fritz mit Oberbürgermeister Berghofer gegeben.

Die genannten Vertreter der evangelischen Kirche trafen nach einiger Zeit auf der Prager Straße ein; zusammen mit Superintendent Ziemer verabredeten wir wegen der großen Menge an Demonstranten mehrere Informationsorte für den kommenden Abend: die Kreuzkirche, die Kathedrale, die Christuskirche und die Versöhnungskirche.

Diese Kirchen wurden den Demonstranten mitgeteilt; nach einem abschließenden Beifall verließen sie daraufhin friedlich die Prager Straße. Dies war etwa gegen 21.30 Uhr.

Kaplan Leuschner, die Gruppe der 20 Vertreter und ich gingen gemeinsam zum Dompfarramt, um uns dort auf das Gespräch mit Oberbürgermeister Berghofer vorzubereiten.

Später wurde mir von einem Jugendlichen unserer Pfarrei berichtet, er sei auf dem Heimweg von einem Unteroffizier der Polizei wegen etwas Essen angesprochen worden; dieser hätte seit 12 Stunden nichts mehr gegessen.«
(Bericht, Oktober 1989)

Auf der »anderen Seite« erlebt Detlef K. (30), Polizeioffizier der Sondereinheit auf der Prager Straße, den Nachmittag und Abend des 8. Oktober:

»Die Idee war ja von mir. Am späten Nachmittag des 8. Oktober schlug ich im Führungspunkt im Gebäude des Kraftverkehrs am Hauptbahnhof vor, eine Kompanie auf LOs zu setzen und zum Theaterplatz fahren zu lassen. Dadurch konzentrierte sich die Menge auf der Prager Straße, weil viele dachten, dort sind sie nicht; und schon schnappte die Falle zu. Bloß, das wurden ja immer mehr Leute! Nicht nur aus der Richtung Stadtzentrum, auch vom Hauptbahnhof her strömten die Massen, und plötzlich befand ich mich mit der hinzugezogenen Hallenser Bereitschaft inmitten der Menschen.

Am Hauptbahnhof stand die Offiziershochschule gemeinsam mit Staffeln Schutzpolizei. Nördlich der Prager Straße Dresdner Bereitschaftseinheiten. Zum Führungspunkt hatte ich über Sprechfunk Kontakt. Ich gab durch, daß es sich um friedliche Demonstranten handelt mit Kerzen und Sprechchöre rufend wie ›Keine Gewalt!‹ Es herrschte ziemliche Unentschlossenheit, was nun zu tun sei. Hoffentlich kam nicht jemand auf die Idee, uns in diese bunte Menge zu jagen. Das waren ja keine Rowdys und Skinheads, wie sie schon an den vergangenen Tagen jeweils nur kleine Gruppen der Demonstranten gestellt hatten, nicht einmal intellektuelle Spinner waren das, sondern Menschen aller Schattierungen und Altersgruppen.

Auf einmal kam der Hallenser Kommandeur zu mir: ›Du, da sind zwei Geistliche, ich glaub', die wollen hier durch. Ich weiß nicht, was ich mit denen machen soll, geh Du mal hin, red' mit ihnen.‹

Ich wußte ja auch nicht. Wohin wollten die? Also auf jeden Fall erst mal hin, guten Abend gewünscht. Das war dann der Kaplan Richter, der da stand, und an seiner Seite Kaplan Leuschner. Es stellte sich heraus: die wollten gar nicht durch. Die wollten hierbleiben und einen Offizier sprechen. Worum geht's denn, sag' ich zu ihnen. Sie erklärten, die Demonstranten seien in friedlicher Absicht gekommen und wollten keine Gewalt, keine Auseinandersetzung mit der Polizei. Ob es nicht möglich wäre, einen Verantwortlichen, eine kompetente Persönlichkeit als Gesprächspartner zu gewinnen.

Wen sollte ich denn da nun anbringen? Mitten in der Menschenmenge. Ein Polizist – das ging nicht. Die Sache war höher angebunden, das hatte ich im Gefühl. Also bat ich den Geistlichen, eine Abordnung auszuwählen, die für die Demonstranten sprechen könne. Ich würde mich inzwischen um einen Gesprächspartner bemühen, das Anliegen durchgeben. Jemand sagte noch, man solle ein Zeichen geben für die Gewaltfreiheit, die Schilde seien ja alle noch oben. Ich also: ›Schilde ab!‹ Und das wurde gemacht. Die Schilde lagen am Boden, Beifall. Ich also den diensthabenden Offizier der BDVP, das war der stellvertretende Stabschef, informiert. Nun wollte der wissen: Wen wollen die sprechen? Welche Forderungen haben sie? Wo soll das Treffen stattfinden? Auf der Prager Straße schien das nicht zu gehen. Die schien mir ungeeignet. Die Hotels, internationales Publikum. Wenn wir Probleme haben, dann müssen wir sie doch nicht vor denen austragen, dachte ich mir. Von den Kaplänen kam der Vorschlag: Dynamo-Stadion. Na, das ging gleich überhaupt nicht. Was dort vor sich gehen kann, kenne ich ja von den Fußballspielen. Das ist rotes Tuch für jeden Polizisten. Hab ich gleich abgeschmettert, den Vorschlag. Also in der Kirche? Dieser Vorschlag gefiel auch gleich der Einsatzleitung. In einer Kirche kann nicht viel schiefgehen, da sind die Gemüter schon durch die Atmosphäre beruhigt. Ich also okay gemeldet und die zwanzig Namen aufgeschrieben. War ein Haufen Arbeit. Und wen wollten sie sprechen? Irgendeiner aus der Gruppe sagte: den OB. Oberbürgermeister, Berghofer also, jawohl. Kaplan Richter ging noch anrufen wohl wegen der Kathedrale als Ort der Verständigung. Da kam aber über Sprechfunk schon das Signal: der Bischof kommt. Landesbischof

Der VP-Führungspunkt. Festnahme in der Prager Straße.
8. Oktober

Bildung der »Gruppe der 20« auf der Prager Straße. 8. Oktober

Hempel, Superintendent Ziemer würde sprechen. Das hat er dann auch getan. Der Bischof sagte noch zu ihm: Nicht zu lang! Also, es kam wunderbar an. Applaus von allen Seiten. Und uns fiel es wie ein Stein vom Herzen. Es gab das erste Mal Blumen für die Polizei. Also wir waren richtig froh. Die Leute natürlich total empört: Ihr müßt wohl verrückt sein, auf uns einzudreschen! Na, das hatten wir ja an diesem Abend nicht mehr gemacht. Und von da an auch nicht wieder. Der Einsatzleiter sagte dann spät in der Nacht während der Auswertung: Wenn wir das nach Berlin melden, das glaubt uns kein Mensch!

Das Nachdenken hatte bei mir schon etwas eher begonnen. Am Nachmittag auf dem Fetscherplatz – irgendjemand hatte zu einer Demo aufgerufen, Treffpunkt Theaterplatz. Nein, nicht das Neue Forum, eine Privatperson, Name war bekannt. Jedenfalls kam der Befehl, wenn die Agitation über aufgefahrene Rundfunkwagen der Offiziershochschule keinen Erfolg hat, ist der Platz zu räumen. Richtung Terrassenufer. Das war wie jeden Tag, Befehl auf Befehl, manchmal waren wir 24 Stunden im Einsatz, ohne zu schlafen. Wir durften ja seit dem 3. Oktober nicht mehr nach Hause. Die Frauen wußten nichts von uns. Einen Verletzten haben wir mal vorbeigeschickt, um sie zu beruhigen, aber das war wohl der ungeeignete Mann – die Verletzung widerlegte seine Worte. Jedenfalls war ich am 8. gerade wach geworden, da erhielt ich Befehl, Zivil anzuziehen und die Hallenser Bereitschaft zu lotsen, die uns verstärken sollte. An diesem Tag also ohne Helm und Schild, und der Befehl: Räumen! Ich hab zu dem Hallenser Kommandeur gesagt, am besten ruhig bleiben, die Leute lieber dreimal bitten. Also Mäßigung. Das klappte dann auch: Die Leute liefen am Terrassenufer entlang, manche auch über die Brücke. Wir kamen mit der Bereitschaft, insgesamt 30, 40 Fahrzeuge, gar nicht so schnell nach. Der Demonstrationszug wechselte dann auch die Richtungen. Es ging über die Pillnitzer Straße zum Fetscherplatz. Lotse mal einer 40 auswärtige Fahrzeuge, also, lieber bringe ich Omas über die Straße. Am Fetscherplatz hatte die 8. Dresdner Bereitschaft abgeriegelt. Der Zug löste sich auf. Zum Schluß blieben paar Hundert Leute übrig, die eingekreist wurden. Sie sollten abtransportiert werden. Wir haben noch gesagt: ›Gehen Sie auseinander!‹ Wer weg wollte, konnte gehen. Das war schon anders als auf dem Hauptbahnhof an den ersten Tagen. Aber einige wollten nicht weg, die blieben sitzen. Auch ein Rollstuhlfahrer war darunter. Der wollte offenbar dabeisein. Der Befehl lautete: alle, die sitzenbleiben, aufladen! Per Sprechfunk, was will man da machen. Als die LOs kamen, hab ich wenigstens die Hundeführer beiseite genommen. ›Bitte aufsteigen‹, hab ich gesagt, ›damit wir Ihr Anliegen überprüfen können‹. Was dann die VP-Bereitschaft am Dr.-Kurt-Fischer-Platz gemacht hat, wußte ich nicht. Wenn dort geschlagen wurde, ist mir das absolut unverständlich. Fliegerstellung, ja. Das wird so gehandhabt, wenn ein Mann auf zehn Festgenommene kommt. Wir waren da absolut überfordert. Es war von Anfang an ein untaugliches Mittel, die politische Situation mit polizeilichen Maßnahmen bereinigen zu wollen. Wir standen da zwischen Baum und Borke, also absolut. Schon als die Züge kamen am 3. Oktober, kommen sollten, als wir dableiben mußten, dachte ich: Was geht denn nun los! Auf die erste Auseinandersetzung am Hauptbahnhof waren wir nicht im geringsten vorbereitet gewesen. Wir sind dort hin wie die Friseure, obwohl man sich ja manches denken konnte – Ausreisezüge noch mal durch Dresden leiten und die Grenze zu! Also für meine Begriffe ein klares politisches Fehlurteil. Geheuer war uns das nicht. Aber was will man machen: Befehl ist Befehl.

Ich glaube auch nicht, daß – am 4. war das dann, da hatten wir Ausrüstung – irgendwelche Provokateure mit Steinewerfen anfingen. Auf meiner Seite – also am Ausgang zur Prager Straße – waren das Jugendliche. Dort nahm ein Mädchen, vielleicht 16, einen Stein heraus und gab ihn dem Freund. Der reichte ihn dann einem vielleicht 13jährigen people weiter. Und der warf, wie zum Spaß, zum Ausprobieren. So: Was traut ihr mir denn zu? Aber dann hörte der Spaß auf, ein Stein folgte dem anderen, und wir haben lange ausgehalten, ehe wir zurückwarfen! Als dann das Polizeiauto brannte, immer mehr Leute gegen den Bahnhof anstürmten, wurde es echt brenzlig. Wir drückten die Menge noch einmal zurück, um die Feuerwehr durchzubekommen, aber dann war Schluß. Wenn nicht die alten Herren von der BDVP zuletzt in den Kampf eingegriffen hätten, wären wir wahrscheinlich untergegangen. Sie setzten dann auch das erste Mal Reizwurfkörper ein, Tränengas war das nicht, das ist schon ein Unterschied. Reizgas ist harmlos. In den folgenden Tagen kam das noch einmal zum Einsatz, am 6. Oktober, an demselben Tag, als dann auch die Straßenbahn geräumt wurde. Dort hatten sich Blaulicht-Wagen in der Menge verfangen, und wir hatten einfach Angst, daß sie unsere Kollegen lynchen. Aber es waren Krankenwagen, wie sich herausstellte. Jedenfalls ist mir das mit der Straßenbahn ebenso unerklärlich wie die Übergriffe nach der Festnahme. Aber es war ja eine Situation gegenseitiger Angst, auch Unverständnis füreinander, angeheizte Stimmungen. Das, was am 8. Oktober in Dresden begann – auch in Plauen soll es am 7. und 8. erste Verständigung, aber auch noch Auseinandersetzungen gegeben haben –, was dann zur Sicherheitspartnerschaft führte, quasi vom brennenden Polizeiauto zum blumengeschmückten, das hat auch uns Polizisten zum Nachdenken veranlaßt. Glauben Sie mir, kaum einer von uns schlägt gern zu. Und alle haben Frauen und Familien, die ihre Leute lieber gesund zu Hause als blaugeschlagen in der Kaserne wissen. Wir wollen in Zukunft wirklich nur noch friedliche Bürger schützen müssen, Anzeichen neuer Gewalt in Fußballstadien gefallen uns gar nicht.«

(Tonbandprotokoll, Frühjahr 1990)

Nachdem dank des Mutes und Verhandlungsgeschickes der Kapläne Richter und Leuschner der friedliche Ausgang des Abends erreicht ist, treffen der evangelische Landesbischof Hempel und Superintendent Ziemer – aus dem Rathaus kommend – auf der Prager Straße ein. Noch immer stehen Unentschlossene, aber auch über die erste Verständigung der deutschen Oktoberrevolution glückliche Menschen auf dem breiten Boulevard zwischen den Springbrunnen. Da ertönt es aus einem Megaphon: »Ich bin Superintendent Ziemer von der Kreuzkirche. An meiner Seite steht unser Landesbischof, Bruder Hempel. Der Oberbürgermeister, Herr Berghofer, hat es mir im Ergebnis eines Gespräches ermöglicht, zu Ihnen zu sprechen. Das ist ein Neubeginn.« Viele spenden Beifall. »Ich habe die Zusicherung erhalten, daß, wenn Sie friedlich nach Hause gehen, die Volkspolizei ihnen dazu den Weg freigibt. Ich bitte Sie jetzt deshalb darum, nach Hause zu gehen.« Kein Beifall. Abwarten. Ziemer: »Ich habe die Zusicherung, über das morgige Gespräch mit dem Bürgermeister werden wir Sie – nicht hier, aber – in der Kreuzkirche, der Kathedrale, der Versöhnungs- und Christuskirche um zwanzig Uhr informieren.« Jetzt brandet Beifall auf, auch einzelne Rufe: »Wann steht das in der Zeitung?« »Gebt die Gefangenen frei!« Darauf Christof Ziemer: »Der Bürgermeister hat zugesagt, daß morgen die Presse über das, was in den letzten Tagen geschah, berichten wird. Es ist schon spät. Laßt uns den heutigen Tag beenden. Gehen wir friedlich nach Hause.« Zustimmung wird bekundet. Die Demonstration löst sich ohne Zwischenfall friedlich auf. In der Nacht berät die Gruppe der 20 als erste Bürgervereinigung des Landes, die aus einer Demonstration spontan hervorging, über die Forderungen, wie sie am kommenden Tag dem Bürgermeister übergeben werden sollen.
Währenddessen machen die Pressestrategen weiter mobil.

Mitteilung der Presseabteilung des Ministeriums des Innern

Berlin (ADN). Auf besorgte Anfragen von Bürgern zu den von westlicher Seite erhobenen Verleumdungen über den Einsatz der Volkspolizei in den vergangenen Tagen erhielt ADN von der Presseabteilung des MdI folgende Information: »In mehreren Städten der DDR war es um den 40. Jahrestag der DDR zu Störungen der öffentlichen Ordnung und Sicherheit gekommen. Zur Auflösung ungesetzlicher Zusammenrottungen hatte die Volkspolizei wiederholt aufgerufen. Erst als alle Ermahnungen zur Gewaltlosigkeit und zur Zurückhaltung nicht fruchteten, war der Einsatz von Ordnungskräften zur Wiederherstellung von Ordnung und Ruhe unumgänglich. Wahr ist, daß Randalierer, aufgeputschte Störer und kriminelle Elemente staatsfeindliche Parolen riefen und die im Ordnungseinsatz befindlichen Volkspolizisten tätlich angriffen. Sie warfen mit Steinen, Flaschen und Brandsätzen, schlugen brutal und rücksichtslos mit Stahlstangen und anderen Schlaggegenständen auf die Ordnungskräfte ein. Nicht zufällig trugen viele der Krakeeler Schutzhelme, was auf vorsätzliche und geplante Handlungen schließen läßt. Tatsache ist, daß die Volkspolizei äußerst zurückhaltend und erst, nachdem sie angegriffen wurde, gegen Unruhestifter unter Anwendung polizeilicher Hilfsmittel vorging und nicht, wie westliche Medien behaupten, blindlings und rücksichtslos auf unbeteiligte Bürger einschlug.

Wahr ist ebenfalls, daß 106 Volkspolizisten zum Teil erheblich verletzt wurden. 46 der Rowdys kamen zu Schaden. Angebliche Tote sind in den Westmedien frei erfunden.

Es ist nachgewiesen, daß westliche Korrespondenten die Volkspolizei nicht nur verleumden, sondern daß sie zu den Organisatoren und Aufwieglern gehörten. So viele ›Zufälle‹, immer gerade dann vor Ort zu sein, kann es gar nicht geben! Diese ›Berichterstatter‹ gaben den Unruhestiftern Rückhalt und konkrete Anleitung zum Handeln – sie wurden sogar selbst zu Störern der gesetzlichen Ordnung. Wegen dieser massiven Einmischungen mußten ihnen die Arbeitsmöglichkeiten eingeschränkt werden. Was westliche Medien auch immer gegen die Deutsche Volkspolizei an Verleumdungen übelster Art vorbringen, wird diese nicht daran hindern, den Dienst zum Schutz der Bürger, für den sozialistischen Staat jederzeit standhaft zu erfüllen.

Mitteilung der Staatsanwaltschaft der Stadt Dresden

Am 6. Oktober 1989 wurden 41 und am 8. Oktober weitere 34 Personen in einem beschleunigten Verfahren vor dem Kreisgericht Mitte verurteilt. Dabei wurde die Beteiligung von Personen an Ausschreitungen und Krawallen auf dem Hauptbahnhof in der Nacht vom 4. zum 5. Oktober beziehungsweise vom 5. zum 6. Oktober im Bereich der Prager Straße verhandelt. Es wurden diejenigen zur Verantwortung gezogen, die sich an Zusammenrottungen im Sinne des § 217 des Strafgesetzbuches beteiligten. Unter Zusammenrottung versteht man eine Beteiligung an einer die öffentliche Ordnung und Sicherheit beeinträchtigenden Ansammlung von Personen, die nach Aufforderung durch die Sicherheitsorgane oder andere zuständige Staatsorgane nicht unverzüglich verlassen wird. Teilweise wurden tateinheitlich Handlungen der öffentlichen Herabwürdigung, der Mißachtung von staatlichen Symbolen, § 220 StGB, Handlungen des Rowdytums gemäß § 215 StGB, Widerstandshandlungen gegen staatliche Maßnahmen gemäß § 212 StGB und Beleidigungen von Bürgern wegen ihrer Zugehörigkeit zu einer staatlichen Organisation in der Öffentlichkeit gemäß §§ 137, 139, Abs. 3, durchgeführt. Von den 74 Verfahren sind einige noch nicht rechtskräftig. Gegen weitere Personen wird ermittelt. Es wurden je nach Tatbeteiligung und Täterpersönlichkeit Haftstrafen von vier Wochen bis zu einem Jahr Freiheitsstrafe ausgesprochen. Es handelt sich überwiegend um jüngere Bürger bis zu 25 Jahren. Beschleunigte Verfahren können dann durchgeführt werden, wenn das zu einer wirksamen Bekämpfung und Vorbeugung von Straftaten notwendig ist, insbesondere, wenn die sofortige Disziplinierung des Täters geboten ist oder die Öffentlichkeit schnell über die staatlichen Reaktionen auf eine Straftat unterrichtet werden muß.

Siebenter Tag   9. Oktober 1989

Mit der Hoffnung auf Verständigung, die von dem Abend auf der Prager Straße ausgeht, kann ich die erste Nacht wieder ruhiger schlafen. Vormittags fallen mir am Hauptbahnhof etliche Offiziere der Sowjetarmee auf, die mit ihren schwarzen Aktenkoffern hin und her laufen. Nur selten begegnen sich zwei, wie die Ameisen mit ihren Fühlern für mich undeutbare Signale austauschend. Im Gegensatz zu anderen Zeiten sehe ich auch keine Kofferträger im Soldatenrang, die sie sonst oft begleiteten. Das wachsame Auge des »großen Bruders«?
Spontan gehe ich auf einen der Offiziere, der mir halbwegs entgegenkommt, zu und radebreche in Russisch, vor Aufregung aber bald ins Deutsche zurückfallend, meinen Dank. Einfach: Vielen Dank, daß Sie da sind! Ich weiß nicht, hoffe aber, daß er mich versteht. Zunächst etwas verdutzt zurückweichend, reagiert er dann auch mit: »Alles Gute!«
Wieder summen die Rundfunknachrichten. Die Welt nimmt Notiz vom Dresdner Frieden, blickt aber zugleich erwartungsvoll nach Leipzig, wo sich am Abend bei der traditionellen Montagsdemo das Schicksal der Revolution entscheiden muß. Frieden und Neubeginn oder Peking in Sachsen? So steht die Frage. Wir in Dresden sind zuversichtlich. Gespräche sind vereinbart.
Pfarrer Andreas Horn begleitet am Morgen das erste Gespräch zwischen der »Gruppe der 20« und dem Oberbürgermeister Berghofer:

> »Das war ja nun wirklich eine ganz zufällige Gruppe von Menschen, das merkte man auch. Sie kannten einander nicht. Ich glaube, es war das Überzeugendste an dieser Gruppe, daß sie ein wirklicher Querschnitt der Demonstranten war, wirklich ›das Volk‹, so wie es in den Oktobertagen auf der Straße war. Es waren Arbeiter darunter, ein Busfahrer, verschiedene Berufe in einer guten Mischung eigentlich. Es war auch ein SED-Genosse dabei und ein Vertreter der CDU. Ganz zufällig war das, und gerade das machte auf den Oberbürgermeister sichtlich Eindruck, daß ihm da im Rathaus endlich mal eine ganz echte, natürlich zustandegekommene Bürgervertretung seiner Stadt gegenübertrat.
> Ich habe dann diese Gruppe weiter begleitet – bis heute. Mit all den Veränderungen, die sich natürlich abgespielt haben. Nicht jeder konnte dabeibleiben. Für Kaplan Richter, der den Dialog so maßgeblich bewirkt hatte, kam Dr. Herbert Wagner in die Gruppe. Andere schieden ganz aus, ohne Vertreter. Am Abend des 9. Oktober haben wir dann in vier Dresdner Kirchen, auch in Versöh-

nung, gemeinsam mit Abgesandten der Gruppe der 20 die Ereignisse des Bürgermeistergespräches mitgeteilt. Der Andrang war so, daß das Gespräch in allen Kirchen wiederholt werden mußte.

Es gab später Gerüchte, daß an diesem Tag auch um Dresden herum die Panzer in Bereitschaft standen, in die Stadt zu fahren und präsent zu sein. Ich wußte lediglich, daß Kampfgruppen ganz in der Nähe der Kirche, hier hinter dem Pentacon-Werk, gut versteckt, getarnt, bereitstanden, wie auch an anderen Punkten der Stadt, nur eben nicht mehr so auffällig. Das habe ich gewußt an diesem Abend. Das schwang mit in der an und für sich entspannten Stimmung. Es war ja so, daß einen die Veranstaltungen in der Versöhnungskirche mit Beschlag belegt haben, daß man nicht groß zum Nachdenken kam. Vielleicht waren es die letzten Zuckungen einer überlebten Geschichte. Eine wichtige Rolle spielte an diesem Tag auch die Entscheidung, die wir am Morgen getroffen hatten, daß sofort jemand von der Gruppe der 20 nach Leipzig fährt und in der Nikolaikirche, dem Ausgangspunkt der ganzen Bewegung und Zentrum der Leipziger Montagsdemonstrationen, bekanntgibt, daß wir uns hier in Dresden am Sonntagabend auf einen Dialog geeinigt haben und wie das vonstatten gegangen war. Das ist auch so erfolgt. Es ist eine Trabantbesatzung – zwei Vertreter der Gruppe – nach Leipzig gefahren, und sie haben dort gesprochen. Das ist vielleicht ein bißchen untergegangen. In Leipzig standen ja gepanzerte Fahrzeuge in der Stadt. Natürlich war auch dort der Dialog von selber in den Blick genommen. Aber es war ja ganz wichtig in so einer Zeit, von Dresden aus mitzuteilen, daß es schon Wirklichkeit geworden war, wirklich werden konnte, sich zu verständigen. Die beiden Vertreter haben von ihrer Leipziger Begegnung dann am Abend in der Dresdner Kreuzkirche berichtet.

Dieser Abend war, denke ich, auch emotional sehr wichtig, die Atmosphäre erwartungsvoll aufgeladen. Für mich war erstaunlich, wie gut die Mitglieder der Gruppe der 20, die ja auf so etwas nicht vorbereitet waren, für die das neu war, spontan vor Tausenden sprachen, Rede und Antwort standen. Es kamen ja auch Fragen wie: ihr habt euch da eingelassen auf einen Dialog, was habt ihr denn erreicht? Das Vertrauen zu den Machthabern war ja total erschüttert. Ich habe gestaunt, wie die Vertreter reagiert haben. Denn es war ja zunächst einmal nicht mehr erreicht, als die Fortsetzung des Dialogs, die Abkehr von der Gewalt zu vereinbaren. Eigentlich sehr viel, aber für den Moment doch anscheinend sehr wenig. Viele gingen auch unzufrieden wieder nach Hause an diesem Abend. Aber die demokratische Potenz im Volke war erstmals auch als solche aktiv wirksam geworden.

Wir – die Vertreter der Kirche – waren in einer Beraterfunktion, in einer aktiven Begleiterrolle. Für mich war das auch selbstverständlich. Ich habe mich so auch auf den Demonstrationen gefühlt, nicht als Forderer, wenn ich auch viele

Forderungen teilte. Wir haben Wert darauf gelegt, daß diese Gruppe der 20 nicht als kirchliche Gruppe angesehen wurde, sondern als Vertretung der Demonstranten. Es gab Versuche seitens des Staates, diese Gespräche als Gespräche zwischen dem Bürgermeister und der Kirche hinzustellen. Die Kirchenvertreter wurden immer sehr deutlich mit genannt, aus welchen Motiven auch immer. Sicher war es zu diesem Zeitpunkt auch leichter für den Bürgermeister, zu sagen wir sprechen mit der Kirche als wir sprechen mit Demonstranten ... Das war wohl zu diesem Zeitpunkt noch ein Risiko. Denn im Grunde war damit die offizielle Doktrin, das seien Randalierer und Rowdys, widerlegt. Daß der Bürgermeister sich solche Leute in sein Rathaus einlädt und mit ihnen spricht, das war die Anerkennung der Volksrevolution. Wie groß das Risiko für den Oberbürgermeister Dresdens zu diesem Zeitpunkt wirklich war, weiß ich nicht genau. Zu vermuten ist, daß er sich zumindest mit Herrn Modrow abgestimmt hat, das gewiß, aber ein Risiko bestand zu diesem Zeitpunkt natürlich bei allen mutmaßlichen Weisungen aus Berlin, die Dinge friedlich beizulegen. Es gab wohl angeblich ein Telefonat Sonntagabend aus der ZK-Zentrale ... Ich denke, das erste Gespräch war eigentlich mehr ein Abtasten. Es wurden die Forderungen artikuliert, die eigentlich schon auf der Prager Straße aufgestellt worden waren, und schließlich Schritt für Schritt durchgegangen. Die wesentlichen Forderungen waren: wahrheitsgemäße Darstellung der Ereignisse; keine Gewaltaktionen mehr seitens der Polizei wie auch von Demonstranten; Freilassung der Inhaftierten, die unschuldig sind; Änderungen der Medienpolitik; öffentliche Information und Diskussion der Anliegen des Neuen Forums; Reisefreiheit; Demonstrations- und Versammlungsfreiheit; Aufklärung der Wahlvorkommnisse; Einführung eines Wehrersatzdienstes; Fortsetzung des Dialogs. Später kamen dann noch Forderungen nach Wirtschaftsreformen hinzu. Das alles kam in etwa auf den Tisch des Rathauses. Wurde dort erst einmal genannt. Der Bürgermeister konnte aus seiner Sicht natürlich kaum ja sagen. Er hat im Grunde dort nur zur Kenntnis genommen. Der einzige Erfolg bestand in der Fortsetzung der Gespräche in einer Atmosphäre der Gewaltlosigkeit. Das war der Punkt: die Tendenz zur Gewaltfreiheit. Berghofer hat zunächst einmal gesagt: Ich hab nicht den Spielraum. Ich bin Bürgermeister. Ich geh mit meinem Risiko jetzt schon weit – so weit, wie Ihre Forderungen sind, kann ich nicht gehen. Im zweiten Gespräch spitzte sich das zu. Die Gruppe verlangte, Informationen über Gespräche nicht mehr in Kirchen abzuhalten. Diese und alle wesentlichen inhaltlichen Forderungen wurden auf einmal definitiv abgelehnt. Der Bürgermeister sagte entschieden: nein, nein, nein! Auch auf die Frage der Anerkennung der Gruppe der 20 als legitimierte Bürgervertretung wurde abschlägig beschieden. Berghofer sagte: Ich spreche mit 20 Bürgern, wie ich immer mit meinen Bürgern spreche. Das war ja nun auch etwas ganz anderes. Das degradierte die Forderungen, für die die Leute auf die Straße gegangen waren und sich hatten prügeln und einsperren lassen, zum Privaten. Das war unannehmbar. Da kam es fast zum Abbruch der Gespräche. Wir haben uns dann Bedenkzeit erbeten. Beide Seiten zogen sich zurück, und wir haben überlegt, unter welchen Bedingungen wir das Gespräch vielleicht doch noch fortsetzen können. Das war eine sehr schwierige Situation. Da stand noch einmal alles in Frage. Ich hatte den Eindruck, die Mehrheit der Gruppe war für den Abbruch der Gespräche. Von Superintendent Ziemer und mir kam dann der Kompromißvorschlag, doch noch einmal Informationen in den Kirchen zu geben, ein letztes Mal. Eine Fortsetzung der Gespräche war damit möglich. Auch eine de-facto-Anerkennung der Gruppe. Es kam dann zu der Aktion, in der die Bürger der Stadt mit Einzahlung von einer Mark auf ein Konto der Gruppe die Vertretung anerkannten. Die Gruppe der 20 wurde zur eigenständigen Bürgerbewegung.«

Dr. Herbert Wagner, Mitglied der »Gruppe der 20«, erinnert sich an dieses erste Rathausgespräch:

»An diesem Tag kam es um 9.00 Uhr zum 1. Rathausgespräch. Auf der einen Seite der Oberbürgermeister mit einigen Ratsmitgliedern, auf der anderen Seite die 20 Demonstranten mit ihren kirchlichen Begleitern. Die Demonstrantenvertreter gingen mit folgenden neun Forderungen in das Gespräch:

1. Sachliche Darstellung der Ereignisse der letzten Tage und deren Wertung.
2. Klärung der Probleme, die im Zusammenhang mit den Inhaftierten bei Demonstrationen der letzten Tage stehen.
3. Objektive Berichterstattung in den Medien.
4. Umfassende Information und Diskussion über Anliegen und Ziele des Neuen Forum.
5. Reisefreiheit in sozialistische und kapitalistische Länder.
6. Diskussion der Wahlproblematik.
7. Einführung eines Zivilersatzdienstes.
8. Gewährung von Demonstrationsfreiheit.
9. Fortsetzung des gewaltfreien Dialogs.

Nach diesem 1. Rathausgespräch bat mich Kaplan Richter mit Rücksichtnahme auf das katholische Verständnis über die Zurückhaltung im parteipolitischen Engagement eines Seelsorgers um die Einnahme seines Platzes in der Gruppe. Ich sagte ihm nach kurzem Zögern zu, wohl wissend um die Unwägbarkeiten und Risiken dieses Schrittes, wurden doch in den ersten Oktobertagen allein in Dresden nicht weniger als 1 303 Menschen festgenommen und sowohl physisch als auch psychisch mißhandelt.

Die innere Bereitschaft zum politischen Engagement war bei mir schon länger gegeben, ja ich war geradezu aufgeladen und hatte bei einer einsamen Hochgebirgstour im September auf dem Weg vom Gipfel zur Ebene Klarheit über einen möglichen Weg von der SED-Diktatur in der DDR zu einer demokratischen Gesellschaft gewonnen. Ich drängte geradezu nach der Erprobung dieses Weges, der für mich auf drei Grundpfeilern beruhen mußte:

1. Der *Wahrheit* muß zum Durchbruch verholfen werden. Dazu bedarf es wahrhaftiger Menschen.
2. Das Ziel aller Aktionen muß *mehr Gerechtigkeit* sein.
3. Die Methode muß die *Liebe* sein, auch dem politischen Gegner und Unterdrücker gegenüber.

Die eher mageren Ergebnisse des 1. Rathausgespräches wurden am Abend in 4 großen überfüllten Kirchen der aufs äußerste gespannten Bevölkerung mitgeteilt. Für die meisten Forderungen war der Oberbürgermeister nicht die kompetente Adresse. Doch diesen Tag darf man nicht an seinen Beschlüssen messen, sondern an der überwundenen Sprachlosigkeit zwischen einer reformentschlossenen und friedlich demonstrierenden Bevölkerung einerseits und einer inzwischen zu gewalttätigen Methoden greifenden Partei- und Staatsadministration andererseits.«
(Bericht, November 1989)

Die »Gruppe der 20« entsendet am Nachmittag zwei Mitglieder nach Leipzig, wo um diese Zeit Schlimmstes zu befürchten ist. Frank Neubert erinnert sich:

»Im Anschluß an unsere lange ›Gründungssitzung‹ – sieht man von der im wahrsten Sinne auf der Prager Straße ab – in der Nacht vom 8. zum 9. Oktober im Dompfarramt und nach dem 1. Rathausgespräch am 9. Oktober zwischen neun und elf Uhr mit Berghofer, saßen wir nun schon wieder zusammen. Es war am frühen Nachmittag dieses entscheidenden Tages, abends sollten die Ergebnisse des Gespräches mit dem Oberbürgermeister in vier großen Kirchen Dresdens verkündet werden. Es kam nun darauf an, Inhaltliches und Organisatorisches dafür vorzubereiten. Wir dachten auch an Leipzig; während wir bereits im Gespräch mit SED-Funktionären waren, drohte dort die Lage zu eskalieren. Keiner wußte Genaues, Gerüchte kursierten, und uns wurde klar, wir müssen an diesem Abend in der Leipziger Nikolaikirche über die Ereignisse in Dresden berichten, um einen Weg zu zeigen, wie Gewalttätigkeiten vermieden werden können. Ich erklärte mich bereit, mit meinem ›Trabant‹ nach Leipzig zu düsen. Ein anderer schloß sich an. Die Zeit drängte sehr, denn bereits 17 Uhr

*Andrang zum Informationsabend vor der Kreuzkirche.
9. Oktober*

begann das Friedensgebet in St. Nikolai. Der Bericht vom Dresdner Dialog, den ich verlesen sollte, war rasch verfaßt und fand Zustimmung in der Gruppe. Nun schnellstens nach Leipzig! Die Uhr stand auf 15 Uhr. Auf einmal, auf halbem Weg nach Rom, setzte der Motor aus: Funkstille. War das Tempo 100 dem Trabi auf den Magen geschlagen oder hatte der Stasi seine Finger im Spiel? Nach einiger Zeit war der Fehler gefunden: ganz profane Zündkerzenstecker waren durchgebrannt. Zum Glück hatte ich Ersatz. In Leipzig teilten uns Passanten mit, daß die Polizei 17 Uhr die Innenstadt dichtmachen würde. Wir ließen das Auto am Stadtrand stehen und fuhren per Bahn in die City. Unterwegs verunsicherten uns Reisebusse mit Uniformierten darin. An den Haltestellen wurden gerade Schilder angebracht, daß die Straßenbahn vorübergehend nicht verkehre. Gerade noch geschafft! Wir drängten uns durch die Menschenmenge vor Nikolai. Wo war das Pfarrhaus? Unser Ansprechpartner sollte Superintendent Magirius sein. Auch im Pfarramt summte es wie im Bienenhaus. Wen fragen, wer wußte Bescheid? Endlich gelangten wir in die Wohnung der Pfarrersfamilie im ersten Stock. Hier war es etwas ruhiger, obwohl ständig Menschen herbeikamen und fortgingen. Ich trug unser Anliegen vor, von den Dresdner Geschehnissen zu berichten. Fünf Männer des Kirchenvorstandes saßen beisammen, man beriet sich. Ja und Nein lagen dicht beieinander. Um die Zeit zu überbrücken, servierten uns die Frauen des Hauses in der Küche Kaffee. Dann wurden wir nochmals in die Pfarrstube gerufen. Ich las den Text vor. Allgemeine Bestätigung, daß der Inhalt fair sei. Es wurde abgestimmt. Mit einer Gegenstimme für das Verlesen des Berichtes. Magirius darauf zu mir: ›Sehen Sie, bei uns geht es demokratischer zu als man denkt!‹ Er informierte darüber, daß die Kirche seit 14 Uhr von eingeschleusten Personen besetzt sei. Kurz vor 17 Uhr versammelten wir uns im Erdgeschoß zu einer letzten Absprache und zum Gebet. Mir waren die Knie etwas weich, denn draußen brodelte es ganz gewaltig. Würden wir unsere Mission erfüllen und wohlbehalten zurückkehren können? Wir stellten uns in einer Reihe auf, ketteten uns aneinander und los ging's durch die Menge auf die andere Seite zur Kirche. Man drängte sich in unsere Reihe hinein, um noch mit in die überfüllte Kirche zu gelangen. Es fiel mir schwer, dem Gottesdienst zu folgen; die Aufregung der vergangenen Stunden und die rufende Menge vor der Kirche ließen keine Besinnung zu. Unser Bericht wurde mit großem Beifall aufgenommen. Im Anschluß erfuhren die Zuhörer auch, daß Gewandhauskapellmeister Kurt Masur über den Stadtfunk sprechen werde. Nach dem Gottesdienst ging es auf gleichem Wege zurück ins Pfarrhaus. Durch den Hinterausgang versuchten wir, so schnell wie möglich zum Auto zu kommen. 20.15 Uhr waren wir wieder in Dresden, und ich konnte in der Kreuzkirche am Dresdner Altmarkt über die Situation in Leipzig berichten. Als wir diese Stadt verlassen hatten, bemerkten wir Einsatzkräfte in Bereitschaftswagen. Erst

um Mitternacht war gewiß, daß es auch in Leipzig nicht mehr zur Gewaltanwendung gekommen war.«
(Bericht, Frühjahr 1990)

Bericht der Gruppe der 20

Wir wollen einen Situationsbericht geben über die Ereignisse in Dresden, die uns seit dem dritten Oktober sehr betroffen machen. Vor allem am 4.10. kam es im Zusammenhang mit der Durchfahrt von Zügen mit aus der Prager Botschaft ausreisenden Bürgern zu Gewalttätigkeiten in und vor dem Dresdner Hauptbahnhof. Wir wurden darüber informiert, daß es zu zahlreichen, zum Teil schweren Verletzungen, auch unter VP-Angehörigen, kam. Es wurde beträchtlicher materieller Schaden angerichtet. An den Folgetagen kam es zu Protesten, die leider durch kleinere randalierende Gruppen gestört wurden. Der friedliche Charakter manifestierte sich jedoch, vor allem mit den Demonstrationen des 7. Oktober. Am Sonntag, dem 8.10., kam es gegen 20.30 Uhr zu einer Sitzdemonstration auf der Prager Straße in der Dresdner Innenstadt. Wir wurden von Polizeibeamten umstellt. Es erklangen Sprechchöre ›Keine Gewalt! Keine Gewalt!‹ und ›Bruder, schlag mich nicht!‹ Zwei Personen von uns standen auf und versuchten, den Einsatzleiter der Polizei zu sprechen. Ein Sicherheitsbeamter ließ uns die Frage übermitteln, unsere Anliegen zu erklären. Spontan wurde eine Gruppe von zirka zwanzig Personen gebildet, die das Mandat der Demonstranten erhielt, ihre Interessen zu vertreten. Durch Verhandlungen mit staatlichen Stellen kam es heute zu einem Treffen beim Oberbürgermeister der Stadt Dresden. Die Ergebnisse des Gespräches werden heute 20 Uhr in vier Kirchen bekanntgegeben. Durch die Einigung auf der Prager Straße am gestrigen Abend gelang es uns, die Demonstration erstmals friedlich zu beenden. Ein positives Zeichen während der Verhandlungen war, daß die Polizisten ihre Schilde ablegten. Auch wir blieben ruhig und diszipliniert sitzen, und die Hundestaffeln wurden zurückgezogen. Somit war ein reibungsloser Abzug auf beiden Seiten möglich. Die Gespräche mit dem Oberbürgermeister sollen regelmäßig fortgesetzt werden, gleichermaßen die Informationen darüber durch uns. Da wir uns zur Zeit in einer sehr sensiblen Phase befinden, wollen wir uns auch in Zurückhaltung üben. Wir bitten Euch auch bei Euren Aktionen um Gewaltfreiheit und die Initiative zum Dialog.

Bischof Reinelt beschreibt, wie er den 9. Oktober erlebte:

Mir wurden am Montag die Ergebnisse vom vergangenen Abend berichtet. Ich habe daraufhin die Gruppe der 20, die zum ersten Mal im Dompfarramt,

Schweriner Straße, tagte, besucht. Sie waren damit einverstanden, daß ich die politische Versammlung in der Kathedrale am Abend um 20.00 Uhr eröffne und abschließe. Dann bin ich zu Landesbischof Dr. Hempel gefahren, um mich mit ihm in den weiteren Schritten abzustimmen. Wir haben vereinbart, daß er sich für den friedlichen Ausgang der Demonstration in Leipzig einsetzt, während ich dies gleichzeitig in Dresden versuche. Diese Übereinstimmung wurde vom jeweiligen Bischof in Leipzig bzw. in Dresden den Demonstranten bekanntgegeben.

Unmittelbar danach erreichte mich ein Telefonanruf vom Staatssicherheitsdienst. Ein hauptamtlicher Mitarbeiter bat, mich sprechen zu können. Da wir Bischöfe grundsätzlich mit Stasi-Mitarbeitern nicht in Kontakt getreten sind, war dies für mich eine schwierige Entscheidung. Aufgrund der Brisanz der Situation habe ich dann doch einer Begegnung zugestimmt. Wenige Zeit danach rief jedoch dieser Staatssicherheitsbeamte wieder an und sagte, daß in derselben Angelegenheit eine höhergestellte Persönlichkeit mich besuchen würde. Es stellte sich dann heraus, daß besagter Herr Fuchs, Chef der Abteilung Inneres beim Rat des Bezirkes Dresden, mit mir sprechen wolle. Das Gespräch fand am Nachmittag des 9. Oktober statt. Herr Fuchs teilte mir mit, daß er beauftragt sei, mich zu bitten, am Abend bei der Versammlung der Demonstranten in der Kathedrale bekannt zu geben, daß

1. die SED Fehler gemacht habe
2. sie bereit sei, diese Fehler einzugestehen
3. nicht nur Worte gemacht würden, sondern auch Taten folgen würden.

Ich solle dies den Demonstranten mitteilen und sie bitten, am Abend nach den Versammlungen bei Demonstrationen keine Gewalt anzuwenden, am besten jedoch überhaupt nicht zu demonstrieren, damit ein friedlicher Ausgang des Ganzen gesichert sei und so ein Modell Dresden-Leipzig Signalwirkung für Berlin habe. Dort sei man ebenfalls an einem friedlichen Ausgang der Demonstration interessiert. Ich habe gegenüber Herrn Fuchs die Bereitschaft zu dieser Ansage davon abhängig gemacht, daß im weiten Umfeld aller vier Kirchen, in denen diese Versammlungen stattfinden sollen, kein Volkspolizist zu sehen ist. Das wurde mir zugesagt. Tatsächlich war dann am Abend der betreffende Raum frei von Ordnungshütern. Die Kirchen waren alle überfüllt. In der Kathedrale waren etwa 7 000 Menschen, und vor der Kathedrale standen nochmals einige Tausend. Die Versammlung verlief in einer Spannung, wie ich sie noch nie erlebt hatte. Die Solidarität mit den Vertretern der Gruppe der 20, die die Versammlung leiteten, war deutlich zu spüren. Jeder einzelne Satz, der von Bedeutung war, wurde mit langem Applaus bedacht. Mich hat besonders an diesem Abend

beeindruckt, wie dankbar die Menschen gegenüber den Kirchen waren, die ihnen auch an diesem Abend ein schützendes Dach gewährten.
Zum Schluß der ersten Versammlung gegen 22.00 Uhr habe ich dann den Demonstranten den Domvikar der Kathedrale, Richter, vorgestellt, der wesentlich zur friedlichen Wende auf der Prager Straße beigetragen hatte. Die Menschen dankten ihm mit einem langen brausenden Applaus.
Überglücklich war ich, als ich nach der zweiten Versammlung, die erst um 22.00 Uhr begann, nach Hause kam und vom Propst aus Leipzig den Anruf erhielt: auch in Leipzig ist alles gut gegangen; wir haben ein Wunder erlebt, kein einziger Schuß ist gefallen. Dieser Tag wird unvergeßlich bleiben in der Geschichte unseres Vaterlandes.
(Bericht, Frühjahr 1990)

In einer Heiterkeit, die mir im Nachhinein fahrlässig vorkommt, besuchen wir am Abend Freunde, um gemeinsam in die Kreuzkirche zu gehen, wo – wie auch in der Christus- und Versöhnungskirche sowie in der Kathedrale – Tausende auf Nachricht vom 1. Dresdner Rathausgespräch warten.
Meine Frau beaufsichtigt die Kinder der Familien, und wir anderen machen noch Scherze, was sie tun soll, wenn wir festgenommen werden. Die Angst ist gewichen, obwohl ein komisches Gefühl vorherrscht: Wir reden über die Zukunft und können sie kaum glauben. Plötzlich taucht der Bekannte eines Freundes, Reserveoffizier im Einsatz, auf und berichtet, auf dem Heller stünden Panzer bereit, um eingesetzt zu werden, falls die Unruhen in der Stadt wieder aufflammen. Wollten die hohen Herren noch immer nicht begreifen? Die Gelassenheit vergeht, und wieder befallen mich lähmende Angst und Zweifel.
In der Kreuzkirche viele Menschen, die sicher noch niemals hier waren. Es ist wirklich das Volk. Eine Gruppe junger Leute versteht nicht, als der Mann am Eingang auf die Emporen verweist. »Emborn'? Was'n das?« Ich erkläre es einem Jugendlichen. Wir gehen nach oben. Auf der Treppe rätselt ein älteres Ehepaar herum, wer nach Stasi aussieht. Vielleicht fangen auch solche Menschen jetzt an nachzudenken. Superintendent Ziemer spricht. Ich höre seine ruhige, klare Stimme gern. Nach ihm ein Vertreter der Gruppe der 20. Doch schon bald folgen Pfiffe und Unmutsbekundungen. Auch ich bin eigentlich enttäuscht. Wütend verläßt ein bärtiger Schriftsteller die Empore. Wird uns etwas vorgegaukelt? Ich habe den Glauben an die Echtheit der Verständigung verloren. Hinter jeder Säule lauert die Inszenierung des Obrigkeitsstaates. Wie oft habe ich wohl mitgeholfen, daß sie funktioniert? Als ein Schreibender, der wohl bemüht war, bei der Wahrheit zu bleiben, aber doch veröffentlichen wollte. Genützt hat alles nichts, das erste Buch zweimal abgelehnt. Immerhin. Aber zum Glauben an mich selber reicht es nicht. Erst Freunde machen mir Mut: das Gespräch hat begonnen. Ich kehre zu mir zu-

rück; finde mich neu. Die SDP ist gegründet. Das Neue Forum erhält Zulauf. Pfarrer Horn ist Begleiter der Gruppe der 20. Überall Leute, die ich mag. Dann muß es seine Richtigkeit haben.
Auf dem Weg nach Hause stoppen uns Soldaten und Polizei. Was wird noch geschehen in dieser Nacht? Die jungen Männer trinken Schnaps. Aber nach der Einsatzflasche sieht es nicht aus an diesem Tag, eher scheinen sie ihren Frust hinunterzuspülen. Unsere Ausweise werden nicht kontrolliert.
Aus dem Radio nun auch der Frieden von Leipzig. Mein Freund Hüneburg wohnt in der Nähe der Thomaskirche. Seine Familie hätte es bestimmt betroffen ... Ich atme auf. Daß wir das Schicksal immer persönlich benennen müssen, um Glauben und Hoffnung zu gewinnen, Furcht zu besiegen.

Balzzeit der Kraniche

Es ist soweit.
Der Vogelzug ist angekommen.
Die Kraniche trompeten durch das Moor.
Ich hörte diese Rufe erstmals
wie sie anders klangen,
als ich das Bündel schnürte
mit der Maske und den Epauletten,
und ich zum Himmel blickte
und sah den Keil gen Süden ziehn.

Es ist soweit.
Die Kälte weicht vom Land.
Die Fahnen der Trabanten,
die sie in die Frostnacht hißte,
sind eingerollt im Schnittgerinne
und flattern auf, wenn kalt
ein Tag beginnt.

Es ist soweit.
Wenn die Hibiskusblüte strahlt.
Den Tag lang nur
erhebt sie sich zum Licht.
Die Kranichbalz im Land
ist angebrochen.
Der Erde treustes Tier
tanzt um sein Glück.

Nachsatz

»… und versuche gut zu sein!«, klingt es in einem Lied meines Freundes, des Liedersängers und Architekten Kai Tempel. »Rat- und sprachlos stehen wir kleinen und großen Aktenträger der Politbürokratie auf dem Fundament der zerbrochenen, durchbrochenen Mauer«, schreibt Pfarrer Friedrich Schorlemmer im Frühjahr des Jahres 1990, in dem dieses, bereits im allzu vergangenen Oktober begonnene Manuskript Gestalt gewinnt. »Und versuche, gut zu sein …« Vielleicht haben wir, viele von uns, vor dem Oktober zu wenig auf dieses Lied gehört, das so oder so erklang, aus der Bibel wie aus dem Manifest.
Der Autor will Menschen zeigen, wie sie die sieben Tage des Oktober oder nur Augenblicke davon erlebten, wie sie zu ihren Handlungen und Erlebnissen stehen. Er verbürgt sich, selbst wenn er raffen, montieren oder verdichten mußte, für die Wahrhaftigkeit dieser Aussagen. Vor allem dankt er für das Vertrauen, das ihm alle an diesem Buch Beteiligten entgegenbrachten, für die Zeit und die Mühe, die sie ihm schenkten. Erinnerung wiegt schwer, vor allem wenn sie unter Polizeiknüppeln beginnt. Zu hoffen ist, daß der Oktober 89 in eine Zeit führt, die uns allen ein wenig Glück beschert und Besinnung auf den Menschen neben uns.

Eckhard Bahr

Abschlußbericht

DER UNABHÄNGIGEN UNTERSUCHUNGSKOMMISSION (UUK)
AN DIE STADTVERORDNETENVERSAMMLUNG VON DRESDEN
ZU DEN HANDLUNGEN DER SCHUTZ- UND SICHERHEITS-
ORGANE IM ZUSAMMENHANG MIT DEN EREIGNISSEN VOM
03. bis 10. OKTOBER 1989 IN DRESDEN

EINLEITUNG

Auf Forderung der »Gruppe der 20« an die Stadtverordnetenversammlung wurde mit Datum vom 26. November 1989 die UUK beschlossen. Nach längerem Verzögern konnte sich die UUK am 07. Dezember 1989 konstituieren. Sie begann sofort mit ihrer Arbeit.

Aufgabenstellungen

In der Woche vom 03.10.89, der beginnenden Revolution in der ganzen Republik, kam es besonders in Dresden infolge der Durchfahrt der Züge von Prag in die BRD zu erheblichen Ausschreitungen zwischen Demonstranten und den Sicherheitskräften. Dabei ist eine große Zahl von Personen zugeführt worden, und diese haben bei ihrer Zuführung und während ihres Gewahrsams in den Zuführungsorten eine menschenunwürdige und unrechtmäßige Behandlung erfahren.

Aufgabe der UUK war es, diese unangemessenen und unzulässigen Behandlungen zu untersuchen und die Verantwortlichen zu ermitteln. Diese Aufgabe ist begrenzt auf die Woche vom 03. bis 10. Oktober 1989.

Die Mitglieder der Kommission, mit einer Untersuchung als Laien für derartige Unternehmen betraut, haben versucht, die Hintergründe zu erforschen, die für die Übergriffe gegenüber den Demonstranten (Zugeführten im besonderen) geführt haben. Es ging um die Bewältigung unserer gesellschaftlichen Situation, die nach 40 Jahren und besonders nach den Monaten des massenhaften Auszugs aus der DDR im Sommer und Herbst 1989 mit einem Mal zusammenbrach, wobei in einem zwar kurzen, aber heftigen Widerstand der Staatsgewalt es zu Geschehen kam, die in ihrer juristischen, moralischen und auch politischen Relevanz zu prüfen waren.

Schon sehr bald stellte sich bei der Arbeit der UUK heraus, wie mangelhaft die Mitarbeit der Verantwortlichen bei der Wahrheitsfindung war: es konnten weder klare Erkenntnisse aus den vorgefundenen Akten gewonnen werden, noch gab es eindeutige und hilfreiche Aussagen der wesentlich Beteiligten in diesen Tagen.

Erste Wertung

So kommen wir in der UUK nicht umhin, an den Anfang unseres Berichtes eine mehr moralisch/gesellschaftliche Wertung unserer geleisteten Arbeit zu stellen.

Das »reale Leben« im »realen Sozialismus« der DDR hatte sich für die hier lebenden Menschen so zugespitzt, daß sie auf der Suche nach Freiräumen für ihr Leben nichts mehr an Ablenkung und Ersatzbefriedigung fanden und deshalb den »Freiraum« durch die Flucht aus dem Land suchten. Das bedingte eine gesellschaftliche Notsituation von totalem Umfang.

So sind während der Demonstrationen im Herbst '89 und insbesondere durch die zugespitzte Situation, daß die Züge der Botschaftsbesetzer durch Dresden fuhren, in der 1. Oktoberwoche zwei wesentliche Grundzüge des Verhaltens der Bevölkerung zu verzeichnen:

Zunächst waren es Demonstranten von stark aggressivem Verhalten mit dem Ruf: *»Wir wollen raus!«*. Vom 06./07. Oktober nahmen die Demonstrationen einen friedlichen Charakter an mit dem Ruf: *»Wir bleiben hier!«* und *»Wir sind das Volk!«*, wobei sich die kritische Einstellung gegenüber dem 40. Jahrestag der DDR herausstellte. Ganz offenbar wurde im Nachherein klar, die Regierenden waren sich der Problematik dieses Feiertages bewußt und versuchten energisch, gegen alle Störungen vorzugehen, wie die Befehlslage erweist.

Wie sehr die Demonstrationen nicht mehr eine Reaktion auf die dogmatisch geprägte sozialistische DDR-Gesellschaft waren, zeigt, daß die Demonstrationen an Energie zunahmen, jedoch an Gewaltlosigkeit stabil blieben. Darin bestand der Irrtum der Regierenden und aller Staats- und Sicherheitsorgane, daß sie der Meinung waren, diesem Begehren mit herkömmlichen Zwangs- und Abschreckungsmitteln entgegentreten zu können.

Die Menschen auf der Straße haben in der 2. Hälfte der Oktoberwoche intuitiv gemerkt, daß es nicht mehr darum ging, etwas mehr Freiheit zu erzwingen, sondern daß es auf einmal darum ging, dem gesamten Sumpf des erlebten »Sozialismus« zu entkommen.

Alle Gewaltanwendung und alle Zuführungen verfehlten ihre Wirkung, machten die Sicherheitsorgane unsicher, so daß es am Sonntag (8.10.) in Dresden zu den Verhandlungsabkommen und der Bildung der »Gruppe der 20« kommen konnte.

Arbeitsweise der UUK

Die UUK hat von Anfang an Untergruppen gebildet und sich drei Schwerpunkten gewidmet. Es wurden Aktenstudien in großem Umfang betrieben, vor allem eine große Zahl von Anhörungen der Verantwortlichen und der Betroffenen einberaumt sowie der sogenannte Zentrale Zuführungspunkt (ZZP) besichtigt.

Allgemeine Schlußfolgerungen aus der Arbeit

Für die Arbeit der UUK war es von Anfang an frappierend, bei den ersten Anhörungen von den Verantwortlichen der Woche im Oktober fast Gleichlautendes zu vernehmen. Sie alle wollten immer dafür eingetreten sein, daß alles in der Stadt gewaltfrei ablaufen sollte. Befragt über die praktische Nutzlosigkeit ihres Bestrebens, weil tatsächlich erhebliche Gewalt auf der Straße ausgeübt wurde, wie dann auch in den Zuführungspunkten, war keine Bereitschaft erkennbar, dazu gegenüber der UUK eindeutig Stellung zu beziehen.
Fast alle Befragten gaben an, daß sie von ihren Befehlsgebern über die reale Lage völlig im Dunkeln gelassen worden wären. Sie betrachteten sich als Opfer einer totalen Fehleinschätzung der gesellschaftlichen Situation durch die Hauptverantwortlichen. Kritisch ist dazu von der UUK zu bemerken:
In all den Jahren hat sich in unserem Land ein vollständig unmündig gewordener höriger Apparat herausgebildet, der in keiner Weise mehr imstande war, eigene Einschätzungen und noch weniger eigene Entscheidungen zu treffen. Durch Fehleinschätzung und Entmündigung des gesamten Regierungssystems ist im Land eine lebensbedrohliche Lage entstanden. Die Bosheit dieses Systems bestand in einem absoluten Führungsanspruch der SED, die unfähig geworden war, ihre korrupten und dekadenten Führer abzusetzen. Das Duckmäusertum ging von der Partei aus, erfaßte den ganzen Apparat und zum guten Teil die Bevölkerung.
Andererseits scheint es uns nicht unerheblich zu bemerken, daß es in der Zukunft notwendig sein wird, auch den Polizeikräften, zumindest den Männern, die auf den Straßen im Einsatz waren, mit vertrauensbildenden Maßnahmen entgegenzukommen, denn in oben ausgeführtem Sinn waren sie Opfer des hoffentlich überwundenen Regimes.

Bemerkung zum Lesen des Abschlußberichtes

Wir haben uns darauf verständigt, die verschiedenen Teile unserer Untersuchung, die von den Gruppen geführt wurden, in ihrer Originalität zu belassen und hier nacheinander für sich selber sprechen zu lassen.

AUSGEWÄHLTE SCHWERPUNKTE ZUM ABLAUF DER EREIGNISSE IM OKTOBER 1989 IN DRESDEN

11.09.1989
Viele Bürger sind im Sommer aus der DDR über die ungarische Grenze nach Österreich geflohen. Ungarn läßt alle DDR-Bürger auf eigenen Wunsch die Grenze nach Österreich passieren.

September 1989
DDR-Bürger erzwingen durch die Besetzung der Botschaft der Bundesrepublik in Prag ihre Ausreise aus der DDR. Sie werden mit Zügen von Prag über Dresden in die Bundesrepublik transportiert. Anfang Oktober kommt es zu einer erneuten Besetzung der Botschaft der Bundesrepublik in Prag. Die Ausreisewilligen rechnen damit, daß die Regierung vor dem 40. Jahrestag der Gründung der DDR noch einmal eine Ausreise der Botschaftsbesetzer ermöglichen wird.

03.10.1989
Der visafreie Reiseverkehr in die ČSSR ist für DDR-Bürger nicht mehr möglich.
12.00 Uhr: Am Hauptbahnhof in Dresden entwickelt sich eine Konzentration, die zum größten Teil aus Personen besteht, die an der Grenze zurückgewiesen wurden.
21.45 Uhr: Ein Leerzug, der die Ausreisewilligen aus der Botschaft der BRD in Prag abholen soll, fährt in den Bahnsteig 5 ein. Er wird von Ausreisewilligen gestürmt.
gegen 23.30 Uhr: Der Bahnhof wird das 1. Mal von Einsatzkräften der Volkspolizei geräumt.

04.10.1989
01.00 Uhr: Der sogenannte Zentrale Zuführungspunkt (ZZP) wird in der Kaserne der 8. VP-Bereitschaft auf der Dr.-Kurt-Fischer-Allee eröffnet. Die Zugeführten (zur Klärung eines Sachverhalts Festgenommene) werden hierhin durch Streifenwagen der VP oder durch ein besonderes Zuführungskommando transportiert. Neben den Bewachungskräften sind im ZZP Vernehmergruppen der Staatssicherheit, der Kriminalpolizei und Staatsanwälte eingesetzt.
Im Laufe des Tages wächst die Menschenmenge auf dem Hauptbahnhof ständig an.
20.15 Uhr: Es sind etwa 2 500 Menschen in der Kuppelhalle des Hauptbahnhofes. Die Polizei verbarrikadiert sich im Bereich der Bahnsteige und setzt Wasserschläuche mit geringem Druck ein. Polizisten und Zivilisten bewerfen sich

mit Steinen und anderen Gegenständen. Auf beiden Seiten gibt es Verletzte. Ein Funkstreifenwagen der Transportpolizei wird auf dem Bahnhofsvorplatz umgekippt und brennt aus. Diese Eskalation motiviert in den folgenden Tagen die sogenannten Sicherheitskräfte.

Seit dieser Zeit konzentrieren sich die Ereignisse in Dresden zum größten Teil um den Hauptbahnhof. Hier befindet sich ein großes Aufgebot der Sicherheitskräfte. Bürger, die Reformen in der DDR durchsetzen wollen, nutzen die Ansammlung zu friedlichen Demonstrationen.

gegen 22.30 Uhr: Die Polizei verkündet durch Lautsprecher am Hauptbahnhof, daß Ausreisewillige zur Abteilung Inneres der Stadtbezirke gehen sollen. Dort würden sie einen Ausreiseantrag erhalten, der in 3 Tagen bearbeitet wird. Diese Mitteilung ist auf eine Weisung des Stellvertreters des Ministers des Innern, General Wagner, zurückzuführen, der diese eigenständig, aber ohne Kompetenz entschieden hat. Die zuständigen Stellen in den Stadtbezirken sind nicht informiert. Sie können diesbezüglich keine Entscheidungen fällen. Ausreisewillige aus den betreffenden Stadtbezirken erhalten Ausreiseanträge, die aber nicht beschleunigt bearbeitet werden. Andere Ausreisewillige werden an ihre Heimatkreise verwiesen. Da sie in diesen Kreisen abgewiesen werden, kehrt eine Anzahl von ihnen am 06. 10. 89 nach Dresden zurück, um erneut bei den Abteilungen für Inneres der Stadtbezirke/Stadt vorzusprechen. Gegen Abend des 06. 10. 89 werden Ansammlungen von etwa 40 bis 50 dieser Personen, die sich vor den Rathäusern der Stadtbezirke OST und SÜD befanden, durch die Sicherheitskräfte aufgelöst.

05. 10. 1989

In der Tageszeitung »Union« erscheint eine kurze Notiz von ADN, nach der Rowdys den Zugverkehr in Dresden gestört haben. In dieser Zeit gibt es eine große Anzahl von rowdyhaften Erscheinungen. Aber es gibt auch Bürger, die mit den Provokateuren sprechen, um sie zu friedlichen Demonstrationen zu bewegen. Ständig sind etwa 2000 Polizei- und Sicherheitskräfte im Einsatz.

06. 10. 1989

abends: Aus einem Wagen der Straßenbahnlinie 3 wird die Polizei im Bereich Leningrader Straße beschimpft. Daraufhin läßt die Polizei den Straßenbahnwagen teilweise räumen, diese Bürger müssen sich mit dem Gesicht nach unten auf die Straße legen. Es gibt noch zwei ähnliche Vorfälle mit Straßenbahnen.

07. 10. 1989

gegen 0.30 Uhr: An der Haltestelle am Hauptbahnhof kommt es zu einer normalen Ansammlung von Bürgern, die auf die Linie 72 warten. Polizisten sehen diese Ansammlung als eine nicht genehmigte Demonstration an und zwingen die Wartenden, sich mit dem Gesicht nach unten auf den Boden zu legen.

An diesem und am nächsten Tag ist das Bild im Stadtzentrum von Dresden vorwiegend durch friedliche Demonstrationen bestimmt. Rowdyhafte Erscheinungen gibt es nur noch in geringem Umfang. Die Sicherheitskräfte unterscheiden jedoch nicht zwischen den friedlichen Demonstranten und den aggressiven Störern.

08.10.1989

Unbekannte haben zu einer Kundgebung um 15.00 Uhr auf dem Theaterplatz aufgerufen. Hier soll über das »Neue Forum«, dessen Zulassung durch die Regierung der DDR abgelehnt worden ist, informiert werden. Die Polizei löst die Kundgebung auf, indem sie fordert, den Theaterplatz in Richtung Brühlsche Terrasse/Postplatz zu verlassen. Aus der wegströmenden Menge und von Personen, die zufällig hinzukommen, formiert sich ein Demonstrationszug. Am Fetscherplatz wird dieser von der Polizei umstellt.

Um die Polizei nicht zu provozieren, setzen sich die Demonstranten friedlich auf die Straße. Einige fragen die Angehörigen der Polizei, ob sie die Umzingelung verlassen dürfen, um nach Hause zu gehen. Es wird ihnen nicht genehmigt.

Obwohl niemand eine Aufforderung von der Polizei zum Verlassen der Demonstration gehört hat, werden 159 männliche und 97 weibliche Personen (darunter ein Rollstuhlfahrer) widerrechtlich zugeführt.

gegen 19.00 Uhr: Es formiert sich erneut ein Demonstrationszug vom Bahnhof in Richtung Prager Straße.

gegen 20.00 Uhr: Als dieser Zug von der Polizei gewaltsam aufgelöst werden soll, setzen sich die Demonstranten friedlich auf die Prager Straße. Die katholischen Kapläne Richter und Leuschner wenden sich an die Polizei und bitten sie, keine Gewalt anzuwenden. Gleichzeitig findet im Rathaus ein Gespräch zwischen dem Landesbischof Hempel, Oberlandeskirchenrat Fritz, Superintendent Ziemer und dem Oberbürgermeister Berghofer statt mit dem Ziel des Dialogbeginns bei Absage an Gewalt.

Im Laufe der Verhandlungen kommt es zur Bildung einer Gruppe (»Gruppe der 20«), die im Auftrag der Demonstranten mit Vertretern des Staates sprechen soll.

09.10.1989

Das Gespräch der »Gruppe der 20« als Vertreter der Demonstranten mit dem Oberbürgermeister Berghofer beginnt 09.00 Uhr.

In den folgenden Tagen gibt es keine weiteren Demonstrationen in Dresden.

Der Unabhängigen Untersuchungskommission lagen insgesamt *290 Einzelberichte und 89 Darstellungen* vor, die teilweise von mehreren Personen vorgenommen wurden bzw. kollektive Äußerungen enthielten.

Die Erlebnisberichte stellen ein erschütterndes Dokument der Mißachtung verfassungsmäßig garantierter politischer Grundrechte der Bürger der DDR dar. Sie dokumentieren auf ihre Art, wie Handlungen mit strafrechtlicher Relevanz auf Weisung bzw. mit Wissen oder unter Duldung der Staatsmacht bzw. deren Vertreter vorgenommen wurden.

Jeder Erlebnisbericht stellt zwar eine individuelle Schilderung der konkreten eigenen Situation dar, durch die Vielzahl gleichlautender Beschreibungen, die völlig unabhängig voneinander angefertigt wurden, erhalten sie jedoch ein hohes Maß an Authentizität.

Die Mitglieder der Unabhängigen Untersuchungskommission konnten durch verschiedene Anhörungen und das Studium von Unterlagen zusätzlich den hohen Wahrheitsgehalt der Erlebnisberichte bestätigen.

Über die Gewaltanwendung und die Überschreitungen der Gesetzlichkeiten wurde bereits im Teilbericht über die DVP ausführlich berichtet. Diese Angaben können aufgrund des Studiums der Erlebnisberichte in vollem Umfang bestätigt werden. Besonders bedrückend ist, mit welcher physischen Brutalität und mit welchem psychischen Terror vorgegangen wurde. Besonders verwerflich ist, daß sich diese Maßnahmen auch dann nicht änderten, als der Übergang zur friedlichen Demonstration erkennbar sein mußte. So lagen die Angaben zu Gewaltanwendung in den Erlebnisberichten am 07. und 08. 10. 89 mit am höchsten.

Unverständlich bleibt die Haltung der Staatsanwälte und Richter im Gesamtzusammenhang der Ereignisse, die sich eindeutig mitschuldig gemacht haben.

Soweit Angaben vorhanden waren, konnten für 165 Zugeführte Fristenüberschreitungen von über 24 Stunden bis zu mehreren Tagen aus den Erlebnisberichten zusammengestellt werden.

Zur Gewaltanwendung gab es folgende Angaben:

- *181 bei Zuführungen*
- *199 im ZZP*
- *136 in der Strafvollzugsanstalt Bautzen*
- *6 in der Strafvollzugsanstalt Görlitz*

Drohungen beim Verhör gaben 20 Zugeführte an, Angaben über Krankschreibungen bzw. ärztliche Atteste lagen in 37 Fällen vor.

Zugeführte, die sich an keinen Demonstrationen beteiligten, sondern nur zufällig am Ort des Geschehens anwesend waren, wurden mit gleicher Brutalität behandelt und teilweise über Tage inhaftiert wie die übrigen friedlichen Demonstranten.

TEILBERICHT DEUTSCHE VOLKSPOLIZEI

Allgemeine Erkenntnisse

1. Grundlage und Ausgangspunkt für das Vorgehen der Schutz- und Sicherheitsorgane in der Stadt Dresden in der Zeit vom 03.–10. Oktober war eine Gesamteinschätzung, wie sie sich, ausgehend von der verwerflichen Sicherheitspolitik und Sicherheitskonzeption der SED-Führungsspitze und der Regierung, in den zentralen Befehlen des ehemaligen Ministers für Staatssicherheit und des ehemaligen Ministers des Innern und des Chefs der Deutschen Volkspolizei niederschlug und kompromißlos in der Befehlsstruktur von oben bis unten durchgesetzt wurde. Dafür trugen die Bezirks- und die Kreiseinsatzleitungen, denen der 1. Sekretär der SED als Vorsitzender, der Leiter der Dienststelle des Ministeriums für Staatssicherheit, der Chef der Deutschen Volkspolizei, WBK, WKK und der Ratsvorsitzende angehörten, eine besondere Verantwortung. Die gesichteten Unterlagen der Schutz- und Sicherheitsorgane und auch die Anhörung bestätigen eindeutig, daß das Vorgehen der Schutz- und Sicherheitsorgane durch die Einschätzung der Situation politisch motiviert war, nämlich daß

- *ein Generalangriff gegen den Sozialismus im Gange ist,*
- *der Angriff von imperialistischen Gegnern gesteuert wird,*
- *die kapitalistischen Gesellschaftsverhältnisse restauriert werden sollen,*
- *Angriffe auf die Staatsgrenze erfolgen werden,*
- *feindliche, reaktionäre und konterrevolutionäre Gruppen wirken,*
- *die öffentliche Ordnung gefährdet ist und diese Bestrebungen mit allen Mitteln zu unterbinden sind.*

2. Diese politische Einschätzung durch die ehemalige Führungsspitze der SED spiegelte sich in den zentralen Weisungen des ehemaligen Ministeriums des Innern und des ehemaligen Ministeriums für Staatssicherheit wider. Sie wurde übernommen und war bis in die untersten Einheiten Grundlage für die Bewertung der Situation. Die darauf beruhenden Befehle und die Motivation der Einsatzkräfte führten dazu, alle dem gesellschaftlichen System der DDR und der konkreten politischen und staatlichen Machtausübung kritisch gegenüberstehenden Kräfte pauschal als Staatsfeinde zu bewerten und in harter, kompromißloser Art alle Versuche der sogenannten Konterrevolution zu zerschlagen.

Waren in der Zeit vom 04. bis 06. Oktober 1989 Zuführungen und Übergriffe auch durch Ausschreitungen von Demonstranten mit ausgelöst, so ist aber besonders hervorzuheben, daß der feststehende Übergang zu friedlichen Demonstrationen am 07. und 08. Oktober 1989 ignoriert und nach der bestehenden Befehlslage gehandelt wurde (Auflösen der Demonstration, auch mit Gewalt, Vornahme von Zuführungen). Selbst in einem Befehl des Chefs der Bezirksbehörde der Deutschen Volkspolizei an alle Volkspolizeikreisämter vom 08. Oktober 1989, 15.35 Uhr, wurde erklärt, daß mit Handlungen und Zusammenrottungen politisch motivierter Antragsteller, Rowdys, Assozialer und vorbestrafter Personen zu rechnen sei. Ordnung und Sicherheit sind unter allen Bedingungen der Lage herzustellen, Zusammenrottungen sind zu verhindern. Diese weiterhin bestehende und der konkreten Situation widersprechende Einschätzung der Lage führte vermutlich zu einer Motivation, die Übergriffe und die Würde des Menschen verletzende Handlungen hervorbrachte, wie sie aus den Erlebnisberichten nachweisbar sind. Diese Tatsachen machen gleichzeitig deutlich, daß auch Kommandeure mit unmittelbarer Befehlsgewalt in den Einsatzpunkten ihrer politischen und rechtlichen Verantwortung im Rahmen ihrer Kompetenz im Hinblick auf die Lageeinschätzung und die auszulösenden Maßnahmen nicht gerecht geworden sind, zum Beispiel Zuführungen unbeteiligter Personen, Handlungen im Zusammenhang mit der Räumung von Straßenbahnen vornahmen.

Der massive Einsatz der Sicherheitskräfte und der Justiz muß als Versuch der alten Staatsmacht gewertet werden, anstehende Probleme mit dem Einsatz der Staatsgewalt restriktiv zu lösen. Die Eskalation der Gewalt, insbesondere die Ereignisse um den Dresdner Hauptbahnhof in der Zeit vom 03. 10. bis 06. 10. 89, hatte ihre gesellschaftliche Ursache. Wenngleich individuelle Gewaltakte keine geeigneten Mittel waren und von der Mehrheit der Demonstranten selbst abgelehnt wurden, waren sie in das vielgestaltige, zum Teil widersprüchliche und zornige Aufbegehren der Volksmassen einzuordnen. Das Bezirksgericht Dresden ist im Ergebnis zahlreicher Rechtsmittel- und Kassationsverfahren zu der Feststellung gelangt, daß auch das gewalttätige Vorgehen von Bürgern letztlich Widerspiegelung des revolutionären Aufbegehrens des Volkes gegen die verfehlte stalinistische Politik der damaligen SED- und Staatsführung war und hat deshalb auf Freispruch vom Vorwurf strafbaren Handelns oder auf Abstandnahme von Maßnahmen strafrechtlicher Verantwortlichkeit erkannt.

Zur Einhaltung der Gesetzlichkeit im Zusammenhang mit den Zuführungen

1. In der Zeit vom 03. bis 09. Oktober 1989 wurden 1 303 Personen zugeführt, davon allein am 07. und 08. Oktober 1989 456 Personen, darunter ein Rollstuhlfahrer, für dessen Zuführung extra ein Sanitätsfahrzeug angefordert wurde.

Eine Aussonderung derer, gegen die Verdacht einer strafbaren Handlung bestand, aus denen, die zufällig anwesend waren bzw. friedlich demonstrierten, fand nicht statt. Der Grundsatz der Unumgänglichkeit, der für Zuführungen gilt, wurde in vielen Fällen verletzt. Von den Betroffenen werden weiterhin folgende Rechtsverletzungen glaubhaft beschrieben:

- *Personen wurden während der Zuführung und im Zentralen Zuführungspunkt geschlagen, obwohl sie keinen Widerstand leisteten,*
- *Zuführung zahlreicher Personen, die sich an keinen Demonstrationen beteiligt haben (zum Beispiel Reisende, Gaststättenbesucher),*
- *in den Zentralen Zuführungspunkten wurden Zugeführte gezwungen, oft über längere Zeit (oft Stunden) in Fliegerstellung mit dem Gesicht zur Wand bzw. mit den Händen im Nacken zu stehen.*

Nach Aussagen des Arztes der 8. VP-Bereitschaft mußte er 55 bis 60 Patienten betreuen, davon hatte er in 22 Fällen eine Wundversorgung vorzunehmen. Zwei Personen hatten eine Lähmung des Oberarmnervs und eine schlaffe Lähmung der Arme, die nur durch ein Halten der Hände im Genick über eine längere Zeit entstanden sein konnte.

- *Schlafen wurde durch Bewachungskräfte unterbunden.*
- *Auch Jugendliche wurden zugeführt.*
- *Die Höchstfrist bis zur Vernehmung durch den Richter nach der Strafprozeßordnung wurde bei vielen Zugeführten überschritten.*

2. Charakteristisch für die Aussagen aller im Zusammenhang mit den Zuführungen bisher gehörten Verantwortlichen ist, daß sie jeweils nach Befehlen in ihrem Verantwortungsbereich gehandelt haben, ohne ihr Handeln in den Gesamtbereich der Ereignisse einzubeziehen. Auf Befragung erwiesen sie sich nur für ihren konkreten Bereich und nicht für zusammenhängende Komplexe für zuständig, hatten weitergehende Beobachtungen nicht gemacht oder hielten im Rahmen ihrer Tätigkeit besondere Kontrollen bzw. Aufsichten für nicht erforderlich. Als Beispiele seien genannt:

- *Die Zuständigkeit des Einsatzleiters des zentralen Zuführungskommandos endete mit der Übergabe der zugeführten Personen im Zentralen Zuführungspunkt.*
- *Die vernehmenden Mitarbeiter der Untersuchungsorgane fühlten sich nur für die Vernehmung zuständig.*
- *Die Leiter der Zentralen Zuführungspunkte waren mit Berichterstattungen ausgelastet.*
- *Die Staatsanwälte waren nur für das Auslösen von Ermittlungsverfahren anhand der Vernehmungsprotokolle zuständig.*

In Übereinstimmung mit den Feststellungen der Untersuchungskommission Berlin wird hier deutlich: Wo der einzelne Bürger in seiner speziellen Funktion nicht mehr im Bewußtsein seiner persönlichen Verantwortung für das Zusammenleben aller Menschen handelt, weil zentrale Befehle oder Entscheidungen oder ein zentralistisches System die Wahrnehmung solcher Eigenverantwortung ausschließen oder den Funktionsträger eines solchen eigenen Verantwortungsbewußtseins entwöhnt haben, ist ein System falsch.

**Ergebnisse
der weiteren Untersuchungen, Befragungen und
operativen Begehungen durch die UUK**

Die Untersuchungen und Ermittlungen haben eindeutig ergeben, daß es auf der Grundlage gesetzlicher Regelungen (Veranstaltungsverordnung, VP-Gesetz, Strafprozeßordnung, Strafvollzugsordnung) polizeiliche und justitielle Maßnahmen gegeben hat, die Handlungen einer großen Anzahl von Bürgern in Wahrnehmung verfassungsmäßig garantierter politischer Grundrechte, als Rechtsverletzung und sogar Straftaten diskreditierten und kriminalisierten.

Hiervon ausgehend, ist es durch einen Teil der Angehörigen der Schutz- und Sicherheitsorgane zu einer zum Teil brutalen, entwürdigenden und demütigenden Behandlung von über 1 300 »Zugeführten«, vor allem ab dem Abend des 07. 10. 1989 und am 08. 10. 1989, friedlichen Demonstranten und unbeteiligten Passanten gekommen.

Die grundsätzliche politische Motivierung der Angehörigen der Schutz- und Sicherheitsorgane durch die Macht- und Sicherheitspolitik der SED, die sich in den zentralen Befehlen von oben nach unten widerspiegelten und durch ihre kompromißlose Umsetzung gekennzeichnet war, erfuhr durch die Ereignisse am Dresdner Hauptbahnhof eine zusätzliche »Anheizung« und Emotionalisierung. Die zweifelsohne auch vorhandenen kriminellen Aktivitäten einiger mit der Demokratisierung nichts gemein habender Elemente wurde jedoch in der politischen Argumentation bewußt überhöht und sowohl in die Handlungen der Schutz- und Sicherheitsorgane als auch der Justiz hineingetragen, so daß diese objektiv mißbraucht worden sind (vergleiche Fernschreiben der damaligen Minister des Innern und des MfS, selbst noch am 10. 10. 89).

Die hierüber vorliegenden 301 Anzeigen von mehr als 318 unmittelbar geschädigten Bürgern bestätigen eindeutig, daß in Überschreitung eingeräumter gesetzlicher Befugnisse durch Offiziere und Wachtmeister der Schutz- und Sicherheitsorgane Straftaten der vorsätzlichen Körperverletzung (durch Tun und Unterlassen), der Nötigung, in einzelnen Fällen der Freiheitsberaubung und der Beleidigung begangen worden sind.

Im Ergebnis der staatsanwaltschaftlichen Untersuchung ist festzustellen, daß der Verdacht strafbarer Handlungen wegen
- *vorsätzlicher Körperverletzung (§ 115 StGB)*
- *Beleidigung (§§ 137, 139 Abs. 2 StGB)*
- *Nötigung (§ 129 StGB)*

sowie im Einzelfall wegen
- *Drohung (§ 130 StGB)*
- *Freiheitsberaubung (§ 131 StGB)*

sich als begründet erwiesen hat.

In der Mehrzahl der Fälle konnte jedoch der für eine Strafverfolgung erforderliche zuverlässige Nachweis konkreter Handlungen mit individualisierbarer Schuldzuweisung gegenüber einzelnen handelnden Wachtmeistern und Offizieren nicht geführt werden.

Die Untersuchungen führten jedoch zu Feststellungen und noch weiter zu prüfenden Anhaltspunkten zu nachfolgend aufgeführten außerhalb des Strafrechts liegenden Rechtspflicht- und Disziplinverletzungen:

- *Ungenügende Belehrungen und Kontrollen über die Einhaltung der Dienstvorschriften (z. B. der Anweisung 27/68 des Ministers des Innern), ungeachtet und konkreter Informationen hierüber (z. B. über 54 ärztlich behandelte Personen in der 8. VP-Bereitschaft);*
- *die Anwendung körperlicher Zwangshaltung aus überhöhtem Sicherheitsdenken über die Dauer zulässiger Maßnahmen der Durchsuchung hinaus sowie die Anordnung solcher Körperhaltungen als zeitweilige Disziplinarmaßnahme durch SV – Schüler in der Garage – vgl. Dienstvorschrift 12/88 des Ministers des Innern über den schutzpolizeilichen Streifendienst vom 17. 02. 1988, Teil B Ziff. 16, Abs. 2);*
- *ungerechtfertigte, menschenentwürdigende Übergriffe der Schutz- und Sicherheitsorgane bei der Auflösung von Ansammlungen, wahllosen Herausgreifen von Personen;*
- *unzureichende Maßnahmen zur strikten Durchsetzung von Dienstvorschriften, z. B. der Anweisung 15/79 des Ministers des Innern – Gewahrsamsordnung;*
- *die Gewahrsamsnahme von Bürgern ohne Rechtsgrund und teilweise über die Dauer von 24 Stunden hinaus, ist ein Verstoß gegen § 15 des VP-Gesetzes. In diesen Fällen erfolgte keine Information sowie die Auskunftsverweigerung über den Aufenthaltsort gegenüber den Angehörigen.*

Angesichts der maximalen Aufnahmekapazität von 100 Personen im Zentralen Zuführungspunkt der 8. VP-Bereitschaft (vergleiche Dokument: »Festlegung sowie Aufgaben und Maßnahmen zur Errichtung eines zentralen Zuführungspunktes im Objekt der 8. VP-Bereitschaft« – Kennwort »Filter« des Stabschefs der DVP, VD 16/95/86 vom 15.08.86) wurde, ungeachtet vorliegender Informationen über weit darüber liegende Zahlen zugeführter Personen, keine entscheidende Maßnahme im Hinblick auf eine ordnungsgemäße Gewahrsamsnahme getroffen, so daß Personen unter unwürdigen Bedingungen in Garagen, in Duschräumen und auf Fahrzeugen oder auch wie Strafgefangene in der Strafvollzugseinrichtung Bautzen I untergebracht wurden;

- *ungesetzliche Maßnahmen, z. B. durch die Verlegung und Unterbringung zugeführter Personen in der StVE Bautzen I;*
- *Einsatz offensichtlich nicht geeigneter Leitungsverantwortlicher und unzureichende Unterstützung dieser;*
- *das Zulassen undifferenzierter Zuführungsmaßnahmen in Folge mangelhafter Informationsbeziehungen, Aufsicht, Kontrolle und Befähigung verantwortlich handelnder Offiziere, z. B. am 08. 10. 1989 am Fetscherplatz;*
- *die massenhafte und zum Teil unangemessene körperliche Einwirkung sowie der Einsatz von polizeilichen Hilfsmitteln (Schlagstock, in Einzelfällen Hand- und Fußfesseln) auch nach erfolgter Zuführung auf den Transportfahrzeugen, im Objekt der 8. VP-Bereitschaft und in der StVE Bautzen I;*
- *ein teilweise unzureichend kontrollierter Einsatz von Diensthunden (ohne Maulkorb) auf den Transportfahrzeugen;*
- *entgegen § 16 Abs. 2, VP-Gesetz und der Anweisung 27/68 des Ministers des Innern und Chefs der DVP über die körperliche Einwirkung und die Anwendung von Hilfsmitteln vom 21. 06. 1968.*

Die Untersuchungen haben jedoch über die grundsätzlich gezogenen Grenzen der Feststellung individueller strafrechtlicher Verantwortlichkeit hinaus deutlich gemacht, daß die polizeilichen Übergriffe in der Zeit vom 03. 10. bis 08.10.89 keine losgelösten Einzelereignisse einzelner »kleiner Polizisten« waren, als vielmehr Endpunkt einer Sicherheitspolitik, die auf einen Apparat gestützt war, der praktisch automatisch funktionierte.
Im Ergebnis der Anzeigen und der durchgeführten Ermittlungsverfahren gegen Unbekannt konnten in 20 Fällen handelnde Angehörige der Schutz- und Sicherheitsorgane personifiziert werden.
Gegen sie wurde durch die zuständigen Staatsanwälte ein Ermittlungsverfahren wegen des begründeten Verdachts strafbarer Handlungen eingeleitet und auf der Grundlage der Strafprozeßordnung bearbeitet und entschieden.
Von den 301 Geschädigten konnte in nur 129 Fällen eine Personenbeschreibung der unbekannten Straftatsverdächtigen der Schutz- und Sicherheitsorgane gegeben werden. In 57 Fällen gaben die Geschädigten an, daß eine Wiedererken-

nung möglich wäre. Insgesamt wurden 114 Geschädigten Bildvorlagen gegeben und 57 persönliche Gegenüberstellungen mit Verdächtigen durchgeführt. Es wurden nur 21 Verdächtige identifiziert, die insgesamt 36 Handlungen an Geschädigten zu verantworten haben.

Von den insgesamt 318 Geschädigten machten bisher 221 Schadensforderungen geltend. Diese beziehen sich auf Grund von eingetretenen materiellen Schäden durch Verlust bzw. Beschädigung von Sachwerten, Lohnausfällen, Ausgleichszahlungen bzw. Haftentschädigung. In bisher 162 Fällen erfolgte bereits die Realisierung. In weiteren 40 Fällen liegen die Anträge zur Entscheidung dem Justitiar der BdVP und dem Staatsanwalt vor. In den verbleibenden 13 Fällen stehen noch notwendige Unterlagen zur Untermauerung der Forderungen, wie Lohnbescheinigungen, Quittungen u. a. aus, sie werden nach deren Eingang unverzüglich zur Begleichung dem Justitiar der BdVP überstellt. Unberücksichtigt müssen dabei 11 Fälle bleiben, weil die Geschädigten mehrmaligen schriftlichen Aufforderungen der Kriminalpolizei zur Regulierung des Schadens nicht nachkamen.

Schlußfolgerungen

Die Ereignisse und das Ergebnis der geführten Ermittlungen zwingen unbedingt zur grundsätzlichen Neuregelung gesetzlicher Vorschriften als notwendigem rechtsstaatlichen Garant für den Ausschluß der Wiederholbarkeit:

- grundsätzliche Neuregelung der StPO mit nachprüfbaren Bestimmungen über prozessuale Maßnahmen, unter anderem von Zuführungen und die Einhaltung der Rechte und Menschenwürde der Betroffenen hierbei.
- die faßbare Neuregelung des Strafrechts zum Schutzobjekt »Staatlicher Ordnung und öffentlicher Ordnung«;
- die grundsätzliche Neuregelung des Polizeirechts sowie des Staatsanwaltgesetzes mit Transparenz darauf basierender Rechtsvorschriften sowie Sicherung der parlamentarischen Kontrolle über die Sicherheitsorgane.

TEILBERICHT JUSTIZ

Die Darstellung ist weder Gesamtbericht noch vollständige Analyse der Tätigkeit von Richtern und Staatsanwälten im Zeitraum 3.–13. Oktober 1989, sie konzentriert sich auf Ungewöhnliches, Fragwürdiges bzw. Kritikwürdiges:

1. Richter

Die Tätigkeit der Richter im Zeitraum 3.–13. 10. 1989 im Zusammenhang mit Demonstrationen in der Stadt Dresden läßt deutlich erkennen, daß für den politisch bezogenen Teil strafrechtlicher Beurteilung *keine Unabhängigkeit der Richter* bestanden hat. Diese Feststellung der UUK wird vom Direktor des Bezirksgerichts Dresden mit seiner Aussage vor dem Bezirkstag Dresden vom 14. 12. 1989 bestätigt:

»... *Wir müssen einräumen, daß gerichtliche Maßnahmen auf der Basis falscher zentraler Anleitung, zu deren Durchsetzung wir im Rahmen der stalinistischen Machtstrukturen verpflichtet waren und die letztlich eine umfassende richterliche Unabhängigkeit nicht zuließen, nicht nur zum Schutz von Menschen ergingen, sondern sich leider zum Teil auch ungerechtfertigt gegen sie gerichtet haben ...*«

»*Wir haben ... der früheren Partei- und Staatsführung zu sehr, blind und zu lange vertraut und dadurch deren falsche Sicherheitsdoktrin und letztlich auch den Machtmißbrauch und den Betrug an unserem Volk juristisch unterstützt, auch wenn wir das nicht wollten ...*«

Bemerkenswert hinsichtlich der Haltung von Richtern, die in beschleunigten Verfahren urteilten (gleichermaßen für Staatsanwälte, die anklagten und das Strafmaß beantragten), ist mit der Auslegung des § 217 StGB (»Zusammenrottung«) das Strafmaß.

Nicht wenige Menschen, die ohne Absicht zu demonstrieren oder auch nur zu stören an Ansammlungsorte kamen, dort durch Kräfte der VP am Weitergehen gehindert wurden, dann aus Neugier, die Aufforderungen der VP wegzugehen, nicht beachteten, in zufälliger Auswahl aufgegriffen und zugeführt wurden, sind zu unbedingten Haftstrafen verurteilt worden, wiewohl das Gesetz bei geringer Schuldintensität auch Geldstrafen zugelassen hätte.

Unverständlich bleibt, warum Richter gegen die indiskutable Form kriminalpolizeilicher Ermittlung auf der Grundlage eines lediglich aus drei Fragen bestehenden Vordruckes, die mit ja oder nein zu beantworten waren, nicht protestiert haben.

Rechtlich fragwürdig bleibt, daß Haftrichter in Dresden für Zugeführte bzw. Festgenommene, die bereits von Dresden nach Bautzen verlegt waren, ohne den Beschuldigten gesprochen bzw. auch nur gesehen zu haben, Haftbefehle erließen, die dann durch einen zweiten Richter in Bautzen verkündet wurden.

Die zum Teil erhebliche Überschreitung gesetzlich festgelegter Bearbeitungsfristen zwischen Zuführung, Festnahme, Beantragung und Erlaß des Haftbefehles haben Richter ohne Protest hingenommen.

Absolut unverständlich oder auch kennzeichnend bleibt der Umstand, daß die

Richter erst am 11. 10. nachmittags bzw. am 12. 10. davon informiert wurden, daß am 8. 10. abends zwischen Oberbürgermeister Berghofer und leitenden Kräften der Kirchen wie führenden Mitglieder der Demonstranten (»Rädelsführer«, »Gruppe der Zwanzig«) Straffreiheit für gewaltlose Demonstrationen und Dialogaufnahme vereinbart worden waren. Noch zwei und drei Tage nach dieser entscheidenden Festlegung mit Entkriminalisierung friedlicher Demonstrationen haben Richter in Bautzen gem. § 217 StGB (»staatsfeindliche« Zusammenrottung) in beschleunigten Verfahren verhandelt und zu unbedingten Freiheitsstrafen verurteilt (Staatsanwälte haben diese Verfahren beantragt und solche Haftstrafen gefordert).

Das Bezirksgericht Dresden gab am 12.10. an die betreffenden Kreisgerichte die »Empfehlung« (richtiger gesagt die Anweisung), alle im besagten Zeitraum ausgesprochenen Verurteilungen zu überprüfen, was durchgehend zur Urteilsänderung »auf Bewährung« und zu sofortiger Freilassung der Verurteilten führte. Damit ist unverkennbar, daß die beauftragten Richter auf Weisung gehandelt haben, nicht in Einzelentscheidung unabhängiger Richter, wie das zunächst darzustellen versucht wurde.

2. Staatsanwälte

Mit den Zuführungen vom 3.10. bis 5.10.1989 waren im Zentralen Zuführungspunkt der 8. VP-Bereitschaft nicht zu duldende, unerträgliche Bedingungen entstanden. Das war der Staatsanwaltschaft bekannt, sie hat diese unmöglichen Zustände hingenommen.

Am 6.10.1989 hat der stellv. Leiter der Bezirksbehörde der DVP Krumbiegel die Einrichtung einer Untersuchungshaftabteilung im Bereich der Strafvollzugs-Abteilung Bautzen angeordnet, obwohl die Strafvollzugsabteilung zu dieser Zeit mit 1 800 Strafgefangenen bereits mit 35 % überbelegt war. Der Staatsanwalt des Bezirkes gibt an, von dieser Maßnahme erst nach deren Durchführung unterrichtet worden zu sein, so daß er nichts mehr dagegen hätte unternehmen können. Die Staatsanwaltschaft war an diesen Tagen erstrangig mit der »Abarbeitung« der täglich 200–300 »Fälle von Zuführungen« beschäftigt. Diese Stellungnahme des Bezirksstaatsanwaltes (»zu spät«) und seine Rechtfertigung (»Abarbeitung«) kennzeichnen die Einstellung zu ungesetzlichen Maßnahmen und zum eigenen Versagen.

Mit der o. a. Anweisung vom 6. 10. 1989 wurden insgesamt 615 Personen von Dresden nach Bautzen transportiert, die damit in Bautzen entstandene Lage war gleichfalls unerträglich. Von den 615 nach Bautzen Gebrachten waren 353 lediglich »Zugeführte«, das war eindeutig ungesetzlich, und das muß dem Staatsanwalt des Bezirkes bekannt geworden sein. Die staatsanwaltliche Duldung dieser Ungesetzlichkeit in vielen Fällen ist eindeutig. Nicht die spezielle Lage dieser Tage kann das erklären, sondern die kennzeichnende Haltung gegenüber als solche beurteilten Konterrevolutionären, von der her der Staatsanwalt des Bezirkes meinte, Ungesetzliches zu rechtfertigen.

Die »Abarbeitung« der Unmenge an Zuführungen führte dazu, daß ein indiskutables Verfahren kriminalpolizeilicher Vernehmung angewandt wurde (Vordruck mit drei Fragen, die der Beschuldigte nur mit »ja« oder »nein« zu beantworten hatte). Diesen Vernehmungsvordruck hat der Staatsanwalt des Bezirkes nicht nur geduldet, sondern selbst entworfen. Auf der Grundlage eines solchen Ermittlungsprotokolles wurde hinsichtlich der Beantragung eines Haftbefehles entschieden.

Wiewohl am 8. 10. abends in Dresden Oberbürgermeister Berghofer mit Demonstranten (»Zusammenrotter«) und speziell deren führenden Kern (»Rädelsführer«) Straffreiheit für gewaltlose Demonstrationen und Dialogbeginn festgelegt hatte – was für alle Leitungsverantwortlichen, auch für den Staatsanwalt des Bezirkes Anlaß zu Haltungsüberprüfung und Haltungsänderung hätte sein müssen –, beantragten die in Bautzen eingesetzten Staatsanwälte noch am 10. und 11. 10. 89 beschleunigte Strafverfahren wegen Zusammenrottung gem. § 217 StGB. Am 07./08.10.89 nach Wegen gesucht zu haben, den unerträglich gewordenen Zustand zu ändern, erscheint von daher wenig glaubwürdig.

Einzelne Staatsanwälte haben bei persönlicher Wahrnehmung von Fehlverhalten VP-Angehöriger in der jeweiligen Situation darauf eingewirkt, daß solche Übergriffe zu unterlassen sind. Der Staatsanwaltschaft kann nicht verborgen geblieben sein, daß es – ganz gleich an welchen Einsatzorten – zu vielen und auch schweren Mißhandlungen Aufgegriffener und Zugeführter gekommen ist.

Daß vom Staatsanwalt des Bezirkes Dresden in dieser Hinsicht nichts unternommen worden ist, solche Mißhandlungen zu unterbinden, bleibt ein schwerer genereller Vorwurf.

TEILBERICHT MINISTERIUM FÜR STAATSSICHERHEIT (MfS)

Zur Aufhellung der Tätigkeit von Mitarbeitern des damaligen Ministeriums für Staatssicherheit (MA des MfS) in Zusammenhang mit den Ereignissen Anfang Oktober 89 in Dresden wurde der UUK Einblick in schriftliche Unterlagen gewährt und Befragungen von ehemaligen MA des MfS durchgeführt.

Aufgrund der Informationen und Sachverhalte, die der UUK dadurch bekannt wurden, muß festgestellt werden:

1. Allgemeine Erkenntnisse

Die Tätigkeit der Dresdner BV des MfS war von der kritik- und bedingungslosen Durchsetzung der verbrecherischen Sicherheitsdoktrin der SED gekennzeichnet. Gewissenlos und willfährig ließ man sich zu dem ausschließlichen Zweck der Machterhaltung gebrauchen, obwohl insbesondere den leitenden Mitarbeitern – wie in den Befragungen mehrmals beteuert wurde – die tatsächliche Situation im Lande sehr genau bekannt war.

Das z. T. besonders brutale Vorgehen von MfS-Angehörigen, wie es z. B. in den Erlebnisberichten für Vernehmungen von Zugeführten durch MfS-Mitarbeiter bezeugt wird, bestätigt diese Feststellung nicht nur, sondern belegt darüber hinaus in erschütternder Weise die geistig-moralische Deformation von Menschen, die sich bedingungslos der Führungsrolle der SED unterordneten.

Wenn keine Konterrevolutionäre wie gefordert zu finden waren, wurden aufgrund absurder Anhaltspunkte als geeignet erscheinende Bürger dazu erklärt und dementsprechend behandelt.

2. Zur Struktur des Einsatzes des MfS

Die ehemalige Dresdner Bezirksverwaltung des MfS (BV) unterstand der Berliner MfS-Zentrale direkt und hat ausschließlich von dort Befehle und Weisungen erhalten. Nachweisbar ist, daß von der BV aus versucht worden ist, auf die Entscheidungen anderer beteiligter Institutionen Einfluß zu nehmen bzw. sah man sich genötigt, Entscheidungen zu kontrollieren. Dies betrifft vor allem die Führung der VP-Einsätze und die Entscheidungen der Justiz. Die lange Liste mit Notizen zum Inhalt der in diesen Tagen vom ehemaligen Leiter der BV geführten Telefongespräche belegt dies.

Wenn auch keine direkte Anweisung für eine derartige Überordnung des MfS in den ersten Oktobertagen vorliegt, so zeigt doch die Selbstverständlichkeit, mit der eine derartige Berechtigung zur Kontrolle und Beurteilung anderer Institutionen wahrgenommen wurde, nach welchem Schema das MfS gewohnt war zu arbeiten.

3. Wichtige Einzelergebnisse

3.1. Das MfS hat einen bedeutenden Anteil am Entstehen des Gewaltpotentials auf dem Dresdner Hauptbahnhof in Zusammenhang mit den Zugdurchfahrten von Prag nach der BRD.

Seit dem 02.10.89 wurden durch MfS-Mitarbeiter insgesamt ca. 1 400 Personen (darunter 400 Kinder) an den Grenzübergängen zur ČSSR, vor allen in Bad Schandau, gewaltsam an der Weiterreise gehindert, obwohl der visafreie Reiseverkehr noch nicht eingestellt war. Viele der so behandelten Bürger fanden sich am 03. und 04. Oktober auf dem Hauptbahnhof ein. Sie sahen in der Möglichkeit, auf einen der durchfahrenden Züge aufzuspringen, die letzte Chance, den unerträglich gewordenen innerpolitischen Verhältnissen in der DDR zu entfliehen, und als sie auch daran gewaltsam gehindert wurden, setzten sie sich gewaltsam zur Wehr.

3.2. Das MfS hat aktiv zur Kriminalisierung der Vorgänge in den ersten Oktobertagen in Dresden beigetragen, indem bewußt ein undifferenziertes und falsches Bild von den Ereignissen verbreitet und bestärkt wurde. Keine Möglichkeit, die protestierenden, wütenden und tief enttäuschten Bürger als staatsfeindliche, kriminelle, asoziale Elemente zu charakterisieren, wurde ausgelassen.

An die Zentrale in Berlin wurden besonders ab 07.10.89 Berichte mit bewußten Falschmeldungen und oberflächlichen Darstellungen weitergegeben, die teilweise auch mit der VP abgestimmt waren (z. B.: Demonstration am 07.10.89 abends mit 3000 bis 4000 Teilnehmern). Für eine Gerichtsverhandlung gegen sog. Rädelsführer und Gewalttäter wurde ein Videofilm zusammengestellt, in dem die zeitliche Reihenfolge der Ereignisse verkehrt (zuerst die Zerstörungen auf dem Hauptbahnhof, dann Szenen von Auseinandersetzungen an der Durchgangstür zum Querbahnsteig) und demagogische Zwischenüberschriften eingefügt wurden. Von den vorausgegangenen Gewalterfahrungen der Bürger (03.10.) wurde nichts erwähnt.

3.3. Das MfS hat insgesamt 14 Personen zugeführt, darunter auch solche Personen, die am 08.10.89 vormittags in alleiniger MfS-Verantwortung in ihren Wohnungen verhaftet worden sind.

3.4. Gesetzesverletzungen und Straftaten durch das MfS werden aus den Erlebnisberichten und Gedächtnisprotokollen vielfach bezeugt. Auch wenn 5 Ermittlungsverfahren gegen ehemalige MfS-Mitarbeiter eingestellt werden mußten, bleibt der Verdacht auf Straftaten (Freiheitsberaubung, Mißhandlung, Beseitigung von Beweismaterial) bestehen. Rechtskräftige Urteile ergingen in 5 Fällen.

3.5. Die der UUK zur Verfügung gestellten Unterlagen und Dokumente können nicht als vollständig und umfassend angesehen werden. Fernschreiben, auf die Bezug genommen wurde, waren z. B. »nicht mehr auffindbar«. In dem am 09.10.89 verfaßten Bericht über den 08.10.89 z. B. wechselt nach der Darstellung der Ereignisse am Fetscherplatz die Schreibmaschine (andere Typen), und sehr oberflächlich und allgemein wird über die Entstehung der Gruppe der 20 und die Absprache mit OB Berghofer über den Beginn von Gesprächen berichtet.

Aus den Telefonnotizen geht eindeutig hervor, daß die BV des MfS bereits am Abend des 08.10.89 detailliert über die Ereignisse informiert worden war.

Die Befragung von ehemaligen MfS-Mitarbeitern – besonders des ehemaligen Leiters der BV – waren vor allem von dem Bemühen gekennzeichnet, ein günstiges Bild von den Handlungen der MfS-Angehörigen zu zeichnen. Dabei wurden teilweise nachweisbar unwahre Aussagen gemacht.

TEILBERICHT ZUR BEZIRKSEINSATZLEITUNG (BEL)

Die BEL war ein Instrument der SED, welches für den Verteidigungszustand (VZ) geschaffen wurde und dem Nationalen Verteidigungsrat (NVR) unterstand.
In den letzten Jahren beschäftigte sie sich auch mit der Verhütung bzw. Bekämpfung von Havarien und Katastrophen in ihrem Verantwortungsbereich, wobei aber die erste Aufgabe bestehen blieb, jedoch nicht mehr so offen ausgesprochen wurde.

Der BEL gehörten als ständige Mitglieder an:

Vorsitzender: 1. Sekretär der SED-Bezirksleitung
Stellvertreter: Chef des Wehrbezirkskommandos (WBK)
Mitglieder: Vorsitzender des Rates des Bezirkes; Ltr. der Bezirksverwaltung (BV) für Staatssicherheit; Chef der BdVP und als
Sekretär: Abteilungsleiter Sicherheit der SED-Bezirksleitung,
der ein aktiver NVA-Offizier war und vom Minister für Nationale Verteidigung für diese Arbeit auf Befehl freigestellt, aber nicht in die Reserve entlassen war.

Zu den jeweiligen Sitzungen, die vierteljährlich durchgeführt wurden, konnten auch andere Personen eingeladen werden. Die letzte turnusmäßige Sitzung fand am 18.09.89 statt. Das Protokoll wurde am 02.10.89 geschrieben. Für diese Aufgabe, d. h. die Anfertigung von Protokollen, Arbeitsplänen usw. war immer das WBK zuständig und die Unterlagen wurden auch dort gelagert. Für die Ausarbeitung der Pläne war der Sekretär der BEL verantwortlich.
Die Sitzungen der BEL beschäftigten sich z. B. mit der allgemeinen Lageeinschätzung im Bezirk, dem militär-ökonomischen Plan, dem militärischen Berufsnachwuchs usw., letztendlich immer mit Maßnahmen, die für die Mobilmachung entscheidend waren. Jede BEL-Vorlage oder bezirkliche Unterlagen, die Kombinate, Einrichtungen oder Institutionen für den VZ erarbeiten mußten, wurden vor der BEL verteidigt und vom Vorsitzenden bestätigt. Laut Statut der BEL (GVS B 912500) war analog der Einzelleitung im VZ durch den Generalsekretär des ZK der SED und damit gleichzeitig Vorsitzender des NVR diese mi-

litärische Einzelleitung auch für den Vorsitzenden der BEL, den 1. Sekretär der Bezirksleitung der SED, vorgesehen.

Leider konnten wir das Statut nicht einsehen, da es am 06.11.89 an den NVR geschickt wurde. Ebenso erging es uns bei den Arbeitsbüchern der Mitglieder der BEL (außer BV/MfS), die, obwohl versichert wurde, daß sie noch vorhanden wären, zur Vernichtung angewiesen waren und am 15.01.90 im WBK vernichtet wurden ohne Unterschrift eines Anweisungsberechtigten.

In der Nacht vom 03. zum 04. Oktober wurde von Berlin aus das Zusammentreten der BEL gefordert. Von diesem Zeitpunkt an fand sich die BEL täglich bis zum 10.10.89 und am 08.10.89 sogar zweimal zu sogenannten Lagebesprechungen, Dauer maximal bis zu einer Stunde, zusammen. Dazu wurden die unterschiedlichsten Personen hinzugezogen, z. B. Herr Stammnitz, Herr Streipert (SED/BL), Bezirksstaatsanwalt, Bezirksgerichtsdirektor, 1. Sekretär der Stadtleitung der SED, und immer nahm teil der Chef der Militärakademie, Herr Gehmert, sowie Oberst Krüske, der das Arbeitsbuch für ihn führte.

Einmal soll die Presse anwesend gewesen sein. Ab Abend 08.10.89 war man sich in diesem Kreis darüber klar, daß die Demonstrationen einen anderen, friedlichen Charakter angenommen hatten. Trotzdem wurde nichts davon gegenüber den Angehörigen der Schutz- und Sicherheitsorgane geäußert, geschweige denn durchgesetzt. Erst recht nicht von Seiten der SED in der Linie nach unten gegenüber den Genossen in den Betrieben. Eher noch stellte man die Demonstranten als Konterrevolutionäre sowie die Gedächtnisprotokolle als Erfindungen dar. Nur so war es möglich, daß am 26.10.89 noch viele Abgeordnete in der Stadtverordnetenversammlung nicht glaubten, was sie von Herrn Superintendenten Ziemer hörten.

Zur Rolle der BEL in diesen Tagen stellt sich dar, daß sie eine völlig unnütze Einrichtung war, die bei den ersten außerplanmäßigen Vorfällen nicht mehr funktionierte und ineffektiv arbeitete.

Es kam, so die Aussagen, die Unterlagen wurden ja vernichtet, zu keiner Einzelleitung, sondern jeder tat in seinem Verantwortungsbereich das, was sein Minister befahl, obwohl das dem Statut widersprach.

Auch eine spezielle Anhörung des ehemaligen 1. Sekretärs der SED-Bezirksleitung und die Einsicht in die Tagebücher des MfS brachten keine neuen Erkenntnisse.

Hinzuzufügen wäre noch, daß es sehr widersprüchliche Aussagen zu dieser Zeit und auch wenig Bereitschaft, mit der UUK ehrlich zu sprechen, gibt.

SCHLUSSFOLGERUNGEN

Ausgehend von den Ergebnissen unserer Untersuchungen erwarten wir von der Stadtverordnetenversammlung der Stadt Dresden folgendes zu beschließen:

1. Der Abschlußbericht der Unabhängigen Untersuchungskommission der Stadtverordnetenversammlung der Stadt Dresden zur Untersuchung der durch die Sicherheits- und Justizorgane durchgeführten Maßnahmen im Zusammenhang mit den Demonstrationen in der Zeit vom 03.–10. Oktober 1989 in Dresden wird
- *dem Präsidium der Volkskammer der DDR,*
- *dem Minister des Innern,*
- *dem Generalstaatsanwalt der DDR*

zur weiteren Veranlassung übergeben.

2. Die Stadtverordnetenversammlung verlangt, eingedenk der aufgedeckten Zusammenhänge, Umstände und Hintergründe des Einsatzes der Schutz- und Sicherheitsorgane sowie des Tätigwerdens der Justizorgane im Bezirk Dresden in der Zeit vom 03.–12. 10. 1989, Sicherung einer umfassenden parlamentarischen Kontrolle über diese Organe nach den Grundsätzen uneingeschränkter Rechtsstaatlichkeit.
Dies erfordert die Annahme eindeutiger und für den Bürger überschaubarer gesetzlicher Vorschriften über die Pflichten und Rechte der Polizei und Justiz im Zusammenhang mit der Einschränkung verfassungsmäßig garantierter Grundrechte.

3. Die Stadtverordnetenversammlung unterstützt die Erklärung der Unabhängigen Untersuchungskommission an das Präsidium der Volkskammer vom 05. März 1990 und erneuert das Verlangen nach vollständiger Rehabilitierung aller von justitiellen und polizeilichen Maßnahmen in der Zeit vom 03. 10.–12. 10. 1989 betroffenen Bürger nach Wiederherstellung des Ansehens ihrer Person sowie ihrer Ehre und Würde durch eine entsprechende gesetzliche Regelung.

4. Die Stadtverordnetenversammlung fordert vom Minister des Innern eine nachträgliche Prüfung der persönlichen Verantwortlichkeit des ehemaligen Chefs der Bezirksbehörde der Deutschen Volkspolizei Dresden, Herrn Generalleutnant a. D. Willi Nyffenegger, und die Ableitung persönlicher Konsequenzen im Hinblick auf die weitere umfassende Gewährung der aus seiner früheren Tätigkeit herrührender Rechte, angesichts seiner festgestellten Hauptverantwortung für die repressiven Maßnahmen der Volkspolizei im Bezirk Dresden in der Zeit vom 03. 10.–10. 10. 1989.

ANLAGEN

**Text des Schreibens an die Volkskammer der DDR,
das bis zum heutigen Tag unbeantwortet blieb**

Präsidium der Volkskammer der DDR
Berlin
1020

Herr Präsident!

Seit Dezember 1989 ist die Unabhängige Untersuchungskommission der Stadtverordnetenversammlung der Stadt Dresden mit der Aufklärung und Aufarbeitung von Handlungen der Schutz- und Sicherheitsorgane im Zusammenhang mit den Ereignissen vom 03.10.89 bis 10.10.89 in Dresden befaßt.
Wir sind dabei zu der Erkenntnis gelangt, daß Grundlage und Ausgangspunkt für das Vorgehen der Schutz- und Sicherheitsorgane in der Stadt Dresden in dieser Zeit eine politisch verwerfliche und verfehlte Sicherheitskonzeption und -politik der damaligen SED- und Staatsführung war, die sich in den zentralen Befehlen des früheren Ministers für Staatssicherheit und des Ministers des Innern und Chefs der Deutschen Volkspolizei niederschlug und kompromißlos von oben bis unten durchgesetzt wurde.
Unsere bisherigen Untersuchungen bestätigen eindeutig, daß es ein ungeheuerlich brutales Vorgehen der Schutz- und Sicherheitsorgane und eine demütigende Behandlung von Demonstranten als Staatsfeinde und Konterrevolutionäre gab. Mehr als 1 300 Zugeführte wurden kriminalisiert und als Staatsfeinde und Konterrevolutionäre abgestempelt. Dies bedeutet einen verwerflichen und untauglichen Versuch, gesellschaftliche Probleme mit repressiven Mitteln zu lösen.
Die juristische Feststellung der Verantwortlichkeiten hierfür erweist sich als außerordentlich kompliziert und ist von der Anlage her auch unzureichend.
Die politische Verantwortung und Verantwortlichkeiten hierfür eindeutig zu erkennen, zu bestimmen und zu bekennen ist öffentliche Verpflichtung des Parlaments. Es ist das moralische Recht der zahlreich betroffenen Bürger.
Dies ist bisher nicht oder nur unzureichend geschehen.
Polizeiliche und staatsanwaltliche Ermittlungen sowie juristische Einzelentscheidungen, auch eine Amnestie, können dieses Erfordernis nicht ersetzen und notwendiges neues Vertrauen nicht für sich allein herausbilden.
Freiheit, Ansehen und Ehre als verfassungsmäßiges Grundrecht haben bei zahlreichen Bürgern eine tiefe persönliche Verletzung erfahren. Es muß offiziell das

Bedauern und die uneingeschränkte Rehabilitation dieser Menschen als politisch-moralischer Akt ausgesprochen werden.
Wir sehen es als Verpflichtung der Volkskammer noch in dieser zu Ende gehenden Legislaturperiode an.

Daher fordern wir:

- *daß die Volkskammer das Vorgehen der Schutz-, Sicherheits- und Justizorgane auf der Grundlage der geltenden gesetzlichen Bestimmungen gegen Bürger, die in Wahrnehmung ihrer verfassungsmäßigen politischen Grundrechte gehandelt haben, bedauert und dafür um Entschuldigung bittet,*
- *daß die Volkskammer die Bürger im Zusammenhang mit allen gegen sie in der Zeit vom 03. 10. 89 bis 10. 10. 89 ergriffenen polizeilichen und justiziellen Maßnahmen rehabilitiert und sich für eine gesetzliche Regelung ausspricht,*
- *daß die Volkskammer dafür Sorge trägt, daß diese Bürger bei der Wiederherstellung des Ansehens ihrer Person, ihrer Ehre und Würde sowie bei der umfassenden Begleichung und Durchsetzung von Forderungen für erlittene Schäden und Verluste auf der Grundlage der Rechtsvorschriften unterstützt werden.*

Dresden, den 05.03.90

Unabhängige Untersuchungskommission
der Stadtverordnetenversammlung
der Stadt Dresden

Amtierender Vorsitzender
gez. L. Kuczera

Abkürzungen im Bericht

UUK	Unabhängige Untersuchungskommission
OB	Oberbürgermeister
StVV	Stadtverordnetenversammlung
MfS	Ministerium für Staatssicherheit
BV	Bezirksverwaltung des MfS
KD	Kreisdienststelle des MfS
BdVP	Bezirksbehörde der Deutschen Volkspolizei
ZZP	Zentraler Zuführungspunkt (Sondermaßnahme)
SV	Strafvollzug
VPKA	Volkspolizeikreisamt

BEL	Bezirkseinsatzleitung der SED-Bezirksleitung
BL	Bezirksleitung
KL	Kreisleitung
KEL	Kreiseinsatzleitung
VZ	Verteidigungszustand
GVS	Geheime Verschlußsache
VVS	Vertrauliche Verschlußsache
VD	Vertrauliche Dienstsache
StGB	Strafgesetzbuch

Anmerkung des Verlages

Der Abschlußbericht der Unabhängigen Untersuchungskommission wurde im Mai/Juni erarbeitet und Anfang Juli dem Vorstand der Stadtverordnetenversammlung der Stadt Dresden und den Fraktionen übergeben. Nach der Sommerpause soll er in die Tagesordnung der Stadtverordnetenversammlung aufgenommen werden.

Der Abdruck erfolgt mit Genehmigung der UUK im vollständigen Wortlaut. Ausgelassen wurden lediglich aus den Anlagen die »Zusammenstellung der Aktivitäten der UUK vom 7.12.1989 bis 19.4.1990« sowie die Übersicht der Ermittlungsverfahren und Disziplinarstrafen gegen Angehörige der Bezirksbehörde der VP, des VP-Kreisamtes Dresden, der VP-Bereitschaften aus Dresden und Halle, des MfS, der Strafvollzugseinrichtungen Bautzen und Görlitz und der Strafvollzugsschule Radebeul.

Von den 34 eingeleiteten Ermittlungsverfahren endeten neun mit einer Verurteilung, 24 wurden eingestellt, eins lief bei Redaktionsschluß (25.7.1990) unseres Buches noch.

Der Ausspruch von Disziplinarverfahren – insgesamt 27 – erfolgte überwiegend, nachdem entschieden war, daß keine strafrechtliche Verantwortlichkeit vorliegt. Im einzelnen ausgesprochen wurden drei Kündigungen, eine Herauslösung aus der Funktion, vier Verwarnungen, sechs strenge Verweise, zehn Verweise, zwei Tadel und eine Mißbilligung.

290 Bürgerinnen und Bürger erhielten in Höhe von insgesamt 102 Tausend Mark Schadenersatz.

Mitglieder der »GRUPPE DER 20« (Stand 15. 10. 89)

Name	Alter	Tätigkeit	Zweit-Adresse des Vertrauens
Andreas Bartzsch	32	Fahrschullehrer	
Ulrich Baumgart	45	Diplomingenieur	Heinz Kitsche
Friedrich Boltz	36	Entwicklungsingenieur	Dr. Haubold
Dieter Brandes	58	Katechet	Pfarrer Hilmar Günther
Karl-Heinz Denkert	44	Tischlermeister	Ehefrau, gleiche Adresse
Uwe Glosinski	24	KOM-Fahrer	Hanna Glosinski
René Grüttner	23	Schlosser	
Markus Kinscher	18	Kfz-Schlosser-Lehrling	Eltern, gleiche Adresse
Sabine Linke	19	Schwesternschülerin	Eltern, gleiche Adresse
Henry Mattheß	26	Student	Ulrike Bettzieche
Maik Miersch	23	Dreher	Eltern, gleiche Adresse
Beate Mihály	45	Krippenerzieherin	Markus Kinscher
Frank Neubert	36	Schichtleiter	Rosemarie Neubert, gleiche Adresse
Kerstin Nikolaus	22	Beiköchin	
Eberhard Ohst	49	Diplomchemiker	Ingrid Ohst, gleiche Adresse
Heiko Pstrong	21	Student	gleiche Adresse
Steven Richter	17	Lehrling	Pfarrer Richter Pirna-Sonnenstein
Peter Rosenberg	37	Bäcker	Dr. Herbert Wagner
Bringfriede Rößler	34	Krankenschwester	
Olivia Schwarz	18	Lehrling (Handel)	
Herbert Wagner	41	Entwicklungsingenieur	Kaplan Richter, Dompfarramt

Bildnachweis

David Adam, Dresden: Seiten 28/29, 30 oben und unten, 32 oben und unten, 33 oben, 39 oben und unten, 46 oben. – Lutz Böhm, Dresden: Seite 47 oben. – Elisabeth Groh, Dresden: Seiten 118 oben und unten, 119, 120. – Thomas Hiltmann, Dresden: Seiten 92/93, 94/95, 102 oben und unten, 103 oben und unten, 104/105. – Stephan Koldewey, Berlin: Seiten 16/17, 50/51, 52 oben und unten. – Anne Löwe, Dresden: Seiten 126 oben und unten, 127 oben und unten. – Steffen Oppitz, Dresden: Seite 18 oben und unten. – Rigo Pohl, Dresden: Seiten 27, 31, 33 unten, 40 oben und unten, 41, 46 unten, 47 unten, 48/49, 131 unten, 132/133. – Ingmar Segebarth, Dresden: Titel, Seiten 64/65, 66 oben und unten, 67, 81. – Detlef Ulbrich, Radeberg: Seite 144/145.

Fast alle Fotos sind bisher unveröffentlichte Amateuraufnahmen. Sie entstanden überwiegend mit einfacher Technik, immer unter schwierigen Umständen.